走出造价困境

土│建│审│计│的

与

孙嘉诚 ◎ 编著

北京理工大学出版社
BEIJING INSTITUTE OF TECHNOLOGY PRESS

版权专有　侵权必究

图书在版编目（CIP）数据

走出造价困境：土建审计的黑与白／孙嘉诚编著．－－北京：北京理工大学出版社，2021.5（2023.9 重印）

ISBN 978－7－5682－9730－1

Ⅰ．①走… Ⅱ．①孙… Ⅲ．①建筑工程–审计 Ⅳ．①F239.63

中国版本图书馆 CIP 数据核字（2021）第 065313 号

责任编辑：张晓蕾	**文案编辑**：张晓蕾
责任校对：周瑞红	**责任印制**：李志强

出版发行 ／ 北京理工大学出版社有限责任公司

社　　址 ／ 北京市丰台区四合庄路 6 号

邮　　编 ／ 100070

电　　话 ／ （010）68944451（大众售后服务热线）

　　　　　　（010）68912824（大众售后服务热线）

网　　址 ／ http：//www.bitpress.com.cn

版 印 次 ／ 2023 年 9 月第 1 版第 11 次印刷

印　　刷 ／ 文畅阁印刷有限公司

开　　本 ／ 880 mm × 1230 mm　1/32

印　　张 ／ 8

字　　数 ／ 179 千字

定　　价 ／ 49.00 元

图书出现印装质量问题，请拨打售后服务热线，负责调换

PREFACE 前言

当你打开这本图书的时候,可能是你与我的第一次相逢,但从今天开始,我就是你造价成长路上的伙伴,我们一路同行,请你在开启这场旅程之前,仔细阅读这一篇叮嘱的话,希望对你以后的工作和生活有所帮助和启发。

我们总是说"行行行,按你说的吧"敷衍对量道路上的矛盾争端,却很少承认,真正的妥协,其实是"据理力争之后的不勉强,而非贪图省事的不作为",而所谓争端的产生,大多源于我们对成本意识的缺失、对审计套路的缺失、对计算规则把控的缺失、对施工现场实际施工工艺的缺失。现在造价人员获取知识的渠道,碎片化、不系统,可能针对同一类问题会有不同种声音,本书正因上述问题,按照建筑构成模块,从施工、咨询、业主多个角度出发,系统地、多板块地、多思维角度地深度剖析工程造价的真谛,帮助大家发现造价问题,解决造价问题。

我们都知道,对量是造价中最深度的博弈,但是在对量中总会针对同一个问题反反复复,争执不下,其实所有的旧账重提是因为它从未被妥善解决。本书从成本分析出发,通过甲乙双方博弈的审计点、利润点、争议点以及造价中的知识盲区,深入并详细地给出了造价人员的解决方案。

同时本书根据建筑施工板块,从平整场地、土方、基坑支护、桩基、降水到混凝土、模板、二次结构,再到屋面、保温、防水,最后到措施费的各个环节,根据施工顺序由前到后进行系统化的归类和总结,有助于各位同学在遇到造价问题时,能够有方向性地检索,快速、精准地解决造价争议,实现优质的结算"效果"。

本书精心打磨180天,经过多位专家严谨审核,层层把关,才得以与读者见面,现邀请各位行业同仁与我们一起进步,并对本书提出宝贵意见。同时感谢史建强老师、韩春江老师、宋蓉老师、燕秋歌老师对本书给出宝贵建议,让本书的实用性更强。本书的顺利出版,也要感谢广联达服务团队给予的大力支持和帮助。最后要感谢众多支持我写书的朋友,是你们的支持让我一直有动力完成这本书。谢谢。

愿我们共同努力,高处相见。

注:本书赠送造价资料包领取方式:
扫描二维码获取下载链接(或者输入下载网址 http://www.zhzhuo.com/group/2/thread/2)

CONTENTS 目录

第1章 建筑设计总说明中重点关注内容盘点 001

1.1　设计依据 002
1.2　项目概况 002
1.3　设计范围、标高及其他告知内容 002
1.4　墙体工程 003
1.5　楼地面 005
1.6　屋面工程 005
1.7　防水工程 006
1.8　门窗工程 007
1.9　内外装修部分 008
1.10　油漆涂料工程 009

第2章 平整场地成本分析及3个审计要点 011

2.1　平整场地成本分析 012
2.2　平整场地的清单规定及精准计算 012
　　2.2.1　清单的计算规定 012
　　2.2.2　清单名词解释 013
　　2.2.3　首层建筑面积的精准计算 013

2.3 平整场地的 3 个审计要点 014
2.4 平整场地各地定额计算规则总结 016
    2.4.1 平整场地各地定额计算规则说明 016
    2.4.2 干货总结 017
2.5 案例分析：项目停水停电，费用不可不变 017

第 3 章 土方工程成本分析及 23 个审计要点 019

3.1 土方工程成本分析 020
3.2 招投标阶段 8 个审计要点 020
3.3 实施阶段 7 个审计要点 027
3.4 结算阶段 8 个审计要点 031
3.5 案例分析 035

第 4 章 深度破解大地形复杂土方计量难点 039

4.1 算量前的准备工作 040
    4.1.1 软件安装 040
    4.1.2 资料准备 040
    4.1.3 现场踏勘 040
4.2 软件实操 041
    4.2.1 计量原理 041
    4.2.2 具体操作 043
4.3 施工单位虚算土方的 3 种方式 049
    4.3.1 测量前的设置秘密 049
    4.3.2 测量中的走位秘密 050

4.3.3　测量后的数据处理秘密 051
4.4　业主和咨询单位规避土方虚算的方法 052
　　4.4.1　土方复测 053
　　4.4.2　现场踏勘 053
　　4.4.3　反向思维 053
　　4.4.4　造价思维 053

第5章　基坑边坡支护成本分析及 7 个审计要点 ... 055

5.1　各类边坡支护及造价成本分析 056
　　5.1.1　基坑支护成本分析 056
　　5.1.2　放坡开挖成本分析 057
　　5.1.3　土钉墙成本分析 058
　　5.1.4　复合土钉墙成本分析 059
　　5.1.5　拉森钢板桩成本分析 060
　　5.1.6　拉森钢板桩 + 锚杆成本分析 061
　　5.1.7　桩锚成本分析 062
　　5.1.8　SMW 工法桩成本分析 063
　　5.1.9　重力式水泥挡土墙成本分析 063
5.2　基坑边坡支护中的 7 个审计要点 064
5.3　案例分析：填不满的不仅仅是腰包，
　　　还有可能是桩基注浆 066

第6章　桩基工程成本分析及 11 个审计要点 067

6.1　各类桩基工程造价成本分析 068

6.1.1 人工挖孔桩成本分析 068

6.1.2 钻孔灌注桩成本分析 068

6.1.3 冲孔灌注桩成本分析 069

6.1.4 其他成本分析 069

6.2 桩基检测及成本分析 070

6.2.1 低应变检测法及成本分析 070

6.2.2 声波透测法（超声波检测）及成本分析 070

6.2.3 桩基静荷载试验法及成本分析 070

6.2.4 钻孔取芯法及成本分析 070

6.2.5 高应变检测及成本分析 071

6.2.6 桩基的地区收费标准 071

6.3 桩基检测中的 2 个审计要点 072

6.4 桩基工程中的 9 个审计要点 073

6.5 案例分析：夫妻井的故事 077

第 7 章 降水工程成本分析及 6 个审计要点 079

7.1 常见的降水、止水措施及成本分析 080

7.1.1 明沟排水及成本分析 080

7.1.2 井点降水——轻型井点及成本分析 080

7.1.3 井点降水——管井降水及成本分析 081

7.1.4 地下连续墙及成本分析 082

7.1.5 灌注桩——水泥搅拌桩成本分析 082

7.1.6 灌注桩——高压喷射桩成本分析 083

7.2 降水工程中的 6 个审计要点 084

7.3 案例分析：抽不净的水，赚不到的钱 086

第 8 章　混凝土成本分析及 11 个审计要点 089

8.1　混凝土单方含量及成本分析 090
8.1.1　混凝土清包工价格 090
8.1.2　混凝土单方含量及报价方式 090
8.1.3　混凝土的成本损耗分析 093

8.2　混凝土结算方式分析 093
8.2.1　施工单位混凝土的几种结算方式 093
8.2.2　按图结算中的各类注意事项 094
8.2.3　混凝土结算亏方原因剖析 094

8.3　混凝土中的 11 个审计要点 095

第 9 章　模板成本分析及 6 个审计要点 103

9.1　模板单方含量及成本分析 104
9.1.1　模板单方含量分析 104
9.1.2　木模板成本分析 105
9.1.3　模板成本分析 105
9.1.4　铝模和木模成本分析对比 107

9.2　模板中的 6 个审计要点 108

第 10 章　模板的超高设置 111

10.1　混凝土模板设置超高的原因 112
10.2　软件处理思路 112
10.2.1　判断支设模板是否超高 112

10.2.2	超高起始计算高度设定	113
10.2.3	超高底面计算方法和取楼地面原则	113
10.2.4	超高分段计算方法	114

10.3 圈梁、过梁、构造柱是否计算超高模板 …… 114

第11章 砌体结构成本分析及14个审计要点 …… 117

11.1 砌体结构单方含量及成本分析 …… 118
- 11.1.1 砌体结构单方含量 …… 118
- 11.1.2 砌体结构成本分析 …… 119

11.2 砌体结构中的14个审计要点 …… 120

第12章 圈梁、过梁、构造柱成本分析及8个审计要点 …… 131

12.1 圈梁、过梁、构造柱成本分析 …… 132
12.2 构造柱、圈梁、过梁各类审计要点 …… 132
- 12.2.1 构造柱的2个审计要点 …… 132
- 12.2.2 圈过梁的2个审计要点 …… 133

12.3 二次结构措施项中的4个审计要点 …… 134

第13章 门窗成本分析及13个审计要点 …… 137

13.1 门窗成本分析 …… 138
- 13.1.1 各类型建筑门窗成本分析 …… 138
- 13.1.2 人工费成本分析 …… 139
- 13.1.3 辅材成本分析 …… 140

13.1.4　纱窗成本分析 140

　　13.1.5　外遮阳措施成本分析 140

　　13.1.6　幕墙成本分析 141

13.2　门窗中的 13 个审计要点 141

第 14 章　屋面成本分析及 10 个审计要点 147

14.1　屋面成本分析 148

　　14.1.1　屋面排水管成本分析 148

　　14.1.2　清包工成本分析 149

14.2　屋面中的 10 个审计要点 149

第 15 章　变形缝、施工缝、后浇带、止水条、止水带、止水钢板成本分析及 12 个审计要点 155

15.1　变形缝中的 3 个审计要点 156

15.2　施工缝中的 2 个审计要点 157

15.3　后浇带中的 4 个审计要点 158

15.4　止水条、止水带、止水钢板成本分析

　　　及 3 个审计要点 161

第 16 章　保温工程成本分析及 8 个审计要点 163

16.1　保温工程单方含量及成本分析 164

　　16.1.1　保温工程单方含量 164

　　16.1.2　保温工程成本分析 165

16.2　保温工程中的 8 个审计要点 165

第17章　防水工程成本分析及11个审计要点 ········ 169

17.1　防水工程成本分析 ··· 170
17.1.1　防水工程地区性成本分析 ······································ 170
17.1.2　防水工程材料类成本分析 ······································ 170
17.2　防水工程各类审计要点 ··· 170
17.2.1　基础及地下室防水中的5个审计要点 ······················· 170
17.2.2　卫生间、厨房防水中的2个审计要点 ······················· 177
17.2.3　屋面防水中的1个审计要点 ··································· 177
17.2.4　其他防水中的3个审计要点 ··································· 178

第18章　楼梯中的7个审计要点 ········ 181

第19章　钢结构工程成本分析及7个审计要点 ········ 185

19.1　钢结构单方含量及成本分析 ··· 186
19.2　钢结构中的7个审计要点 ·· 187

第20章　装配式成本分析及2个审计要点 ········ 191

20.1　装配式成本分析 ··· 192
20.1.1　装配式混凝土结构工程成本分析 ···························· 192
20.1.2　装配式钢结构工程成本分析 ·································· 192
20.2　装配式中的2个审计要点 ·· 193

第21章　二次搬运费计取及 4 个审计要点 195

21.1　二次搬运费如何计取 196
21.2　二次搬运费中的 4 个审计要点 196
21.3　案例分析 197

第22章　大型机械进出场与安拆费及 12 个审计要点 199

22.1　大型机械进出场费中的 5 个审计要点 200
22.2　大型机械安拆费中的 3 个审计要点 203
22.3　其他 4 个审计要点 204

第23章　冬雨季施工及 3 个审计要点 205

23.1　冬雨季施工的定义及各地区定额解释 206
23.1.1　冬雨季施工的定义 206
23.1.2　各地区定额的解释 206
23.1.3　冬雨季施工在没有规定定额地区时应该如何计取 ... 207
23.2　冬季施工费的 3 个审计要点 207
23.3　案例分析 208

第24章　垂直运输及 5 个审计要点 211

24.1　垂直运输的清单及定额解释 212
24.1.1　垂直运输 212

24.1.2　清单对于垂直运输是如何定义的 212
24.1.3　各地区定额的解释 213
24.2　认识垂直运输机械 214
24.2.1　塔式起重机 214
24.2.2　龙门架（井字架）物料提升机 214
24.2.3　外用电梯 215
24.3　垂直运输的5个审计要点 215

第25章　脚手架成本分析及12个审计要点 217

25.1　脚手架成本分析 218
25.1.1　脚手架详细成本分析 218
25.1.2　脚手架成本中搭拆所占比例 221
25.2　脚手架的定义与分类 222
25.2.1　脚手架的定义 222
25.2.2　脚手架的分类 222
25.3　综合脚手架与单项脚手架的区别 222
25.4　综合脚手架的4个审计要点 223
25.5　单项脚手架的8个审计要点 225
25.6　案例分析 227

第26章　成品保护费用、超高增加费用及5个审计要点 229

26.1　成品保护费用及审计要点 230

- 26.1.1 成品保护费及其计取方式 230
- 26.1.2 成品保护费用的 1 个审计要点 230

26.2 超高增加费用及审计要点 230
- 26.2.1 超高增加费用 230
- 26.2.2 超高增加费用的 4 个审计要点 231

第27章 安全文明施工措施费审计要点 233

27.1 安全文明施工措施费中的 2 个审计要点 234
27.2 案例分析 235

第28章 工程水电费成本分析及 3 个审计要点 237

28.1 工程水电费成本分析 238
28.2 工程水电费中的 3 个审计要点 238

第 1 章 建筑设计总说明中重点关注内容盘点

1.1 设计依据

[注意事项]

（1）业主在施工图阶段需要改变使用功能时，必须经初步设计部门批准同意，工程设计依据性文件还包括二次设计单位配合设计的工艺设计图。

（2）此项内容对于造价人员影响较小，在审查设计说明时稍加注意即可。

1.2 项目概况

[注意事项]

（1）建筑面积：主要用于后期指标分析、评估单方造价，同时在计算特定项目时也会用到实际建筑面积，建筑面积计算应符合《建筑工程建筑面积计算规范》（GB/T 50353—2013）规定。还应注意地方的特殊规定，同时造价人员要结合最终图纸对建筑面积进行重新复核，避免因前后图纸差异影响工程量的准确性。

（2）抗震等级：抗震等级会影响到工程的锚固和搭接，还有梁的箍筋根数计算，进而影响钢筋工程量。（详细讲解见嘉诚老师后期系列书籍）

1.3 设计范围、标高及其他告知内容

[注意事项]

（1）标高单位的换算：我国常用的绝对标高为黄海标高，它是指建筑标高相对于国家黄海标高的高度值，在图纸标注中，

常以绝对标高进行高度定义,所以要根据所在地区不同,正确换算绝对标高与相对标高值,来计算出该构件的正确高度。

(2)建筑室内外地坪高差:室内外地坪高差会影响土方工程量,一般情况下土方从基坑底标高算至室外地坪标高,根据室外地坪相对于 ±0.00 的高度,即可推算出室外地坪的具体标高,进而计算土方工程量。在设计室外地坪是大地形,且不规则标高情况下,请阅读第 2 章中的精准计算方式。

(3)建筑标高和结构标高:建筑标高和结构标高相差楼面面层做法,即建筑标高 = 结构标高 + 室内面层做法,在最新软件中绘制主体结构的时候,建议使用结构标高进行定义与绘制,会更加方便、准确。

此处要注意的是,在使用软件建模过程中,经常会将楼层或者构件复制到其他楼层,这时标高的定义就显得尤为重要。建议按照以下原则:在定义高度的时候,尽量少采用具体数值,应采用层底/层顶标高 ± 某一数值的形式体现,这样在楼层间复制的时候,标高定义不会出现错误。这也是一些大型造价咨询公司的强制性要求和做法。

(4)特殊部位的原位标注标高值:根据图纸要求不同,存在一些特殊构件,并对特殊构件进行原位标注的特定标高,这时要仔细审图,不要将特殊标高值与依附构件一概而论,要针对特殊部位单独调整标高值。

1.4 墙体工程

[注意事项]

(1)墙体材料:区分不同部位墙体材质(例如,地下和地上可能采用不同种砌体墙,不同材质也会导致综合单价不一致,所以在计价时要分开列项),蒸压加气混凝土砌块涉及等级选用(等级不同也会影响到综合单价,同样也要分开列项),同时需与后面的节能设计相结合,选用的砌块等级应符合节能强制性标准。

(2)砌体墙砌筑砂浆及标号:此处是编制清单及投标报价的必要条件。

(3)窗下砌体压顶、混凝土强度、配筋及深入砌体墙长度。

(4)不同材质交接部位抗裂钢丝网片或玻纤网格布:一般搭接宽度为150 mm。同时也有满挂情况,在设计说明不明确的时候,一定要提出图纸答疑,包括挂网方式、明确的挂网部位。

(5)砌体墙底混凝土防水反沿:明确混凝土标号及需要做反沿部位。一般和水产生关系的部位都会做混凝土反沿,如卫生间、厨房等。

(6)开洞套管:如空调部位,圆洞、过水管等,开通之后增加套管,此处工程量也是容易忽略的,或与安装专业重复几圈,所以项目在投标报价时要多专业、多角度充分沟通,避免出现缺项、漏项的情况,做到优质,考虑周全。

(7)女儿墙混凝土压顶规格及高度。

(8)墙体图例:明确的墙体图例,能够区分混凝土墙和砌体墙的区别,使用CAD提量的时候也非常方便,可以根据图例快速选择图块快速提取工程量。

(9)外墙涂料、面砖材料性能要求。

(10)元宝基础:在直接与土壤接触的基础部位会做元宝基础。一般来说,元宝基础类似一个倒梯形的无筋条基,注意工程量的计算,图纸明确发生时不要漏项。

（11）外墙阴角：防水附加层（如雨棚与外墙处），应结合当地计算规则，判定防水附加层是否单独计算。

（12）其他：墙体隔声、井道抹灰、施工程序上的补充说明。

1.5 楼地面

[注意事项]

（1）区分楼面和地面：一般来讲，楼面指的是二层及以上楼面层，简而言之地面下面是挨着土的，楼面下面是空的，在装饰做法表中经常会出现楼面和地面做法，所以要对这两项加以区分。

（2）卫生间楼地面需要关注降板及卫生间地漏，卫生间地漏要同安装专业协商好计算标准。不要因为多专业协同不到位而产生漏算或多算。

1.6 屋面工程

[注意事项]

（1）屋面防水材料及做法：注意防水反边高度，及防水附加层计算。一般情况下，防水附加层会含在防水材料费中，但特殊的、不符合常规的或甲方有特殊要求的防水附加层需要单独计算，因地区差异，防水层是否含在定额中，具体还需结合当地定额计算规则确定。

（2）屋面保温材料及做法：包括正常保温范围和出屋面必须要计算的保温范围，具体还需结合实际图纸要求，发生时不要漏算。

（3）屋面出入口做法：注意出入口索引图集，明确采用的做法，根据实际情况进行套定额。

（4）屋面设备基础做法：明确混凝土级别，同时需要明确设备基础是否需要做防水，防水方式怎么样，以及大于 $0.3 m^2$ 的设备基础所占屋面做法是否进行了扣除。这是经常遗漏的项目。

（5）雨水管、排水管注意事项：注意雨水管所用材质，雨水斗个数等，同时注意底部离地高度，此处容易多算雨水管距室外地面的高度值，同时与安装专业充分沟通，不要出现多算漏算的情况。

（6）女儿墙防水收头做法：看细部构造及索引图集，注意防水收头方式。

（7）水簸箕做法：为防止机房层屋面下雨直接冲刷大屋面，经常会设置水簸箕，此处一般按个数计算。

（8）烟道出屋面及排汽孔做法：分析屋面是否有烟道出屋面做法及屋面排汽孔做法，此处也是容易遗漏的项目。

（9）屋面防水隔离带：屋面是否有防水隔离带，采用的形式是怎么样的，计算时不要漏项。

（10）屋面变形缝：明确屋面变形缝形式及对应做法，不要漏项。

1.7 防水工程

[注意事项]

（1）地下室防水：地下室顶板防水经常漏扣盲沟、排水沟、消防车道、主楼、局部设备基础所占的防水面积，同时重点关注地下室顶板防水上反高度，上反高度不同会影响防水工程量,同时还需注意地下室有防水要求的外墙,止水螺栓增加费不要漏算。

(2)屋面防水:根据屋面详图,具体分析防水上反高度,防水压条节点做法及位置。

(3)室内防水(卫生间、厨房、茶水间):屋面防水反梁不要漏算,同时要注意扣除所占墙体体积,其次明确卫生间防水上反高度及淋浴区的具体界定范围,避免因范围不统一而产生争议。

(4)其他防水:注意防水附加层、加强层、收缝、接头需不需要单独计算,同时注意闭水试验是否计取。

(5)重点注意防水材质:根据图纸要求明确防水材质,根据材质选用对应定额。

1.8 门窗工程

[注意事项]

(1)门窗材质及窗框厚度:窗框宽度会影响抹灰及涂料工程量,同时门窗侧壁抹灰及块料的精准计入也十分重要,详见第 13 章。

(2)门窗表:门窗表个数不能直接使用,结合工程实际及业主订货清单来计算个数,同时注意门窗表标注名称和实际尺寸是否一致,如标注为 M0821 时,实际尺寸为 800 mm×2150 mm。

(3)纱窗扇及滴水线:在计算门窗时,不要漏掉纱窗,同时不能按照窗面积一半进行简单计算,需要关注实际纱窗大小进行计算。

（4）窗帘盒：根据图纸分析是否有窗帘盒，其形式怎么样，再进行正确套定额。

（5）五金件：区分普通五金件（小五金）和特殊五金件，此处需要明确五金件的所属性，即哪种五金件包含在成品门窗中，哪种需要单独进行计算，如一些特殊的五金件"闭门器"等需要进行单独列项计算。

1.9　内外装修部分

[注意事项]

1. 内装修部分

（1）各部位实际做法详见图纸内装修做法表。

（2）各部位防水关注上反高度，如淋浴部位上反 1.8 m，此时需要重点关注，淋浴区的具体范围是怎样的，需要设计进一步明确，避免后期因为范围的问题产生争议。

（3）电梯基坑内壁抹灰：有些电梯基坑内壁需要做抹灰，这一点要注意，同时与集水坑内壁做法进行区别。

（4）风井内壁抹灰：一般随砌随抹灰，这部分工程量不能漏掉，同时建议多去现场踏勘，此处是施工单位经常漏做的地方。

（5）电梯门洞口尺寸、圈梁及电梯顶部吊钩钢筋不要漏算。

（6）室内隔声设计：电梯背后的墙体是否有隔声措施。

（7）踏步防滑条：有些楼梯踏步有防滑条，不要漏项。

（8）楼梯栏杆：楼梯栏杆预埋部分不要漏项，一般情况下会含在栏杆里一同报价。

2. 外装修部分

（1）雨水管外侧是否喷涂：为保证美观，大部分外墙雨水管需要喷涂与墙体相近颜色涂料，如果雨水管有特殊做法时，要结合图纸要求进行精准计算，不要漏项。

（2）变形缝做法：关注外墙变形缝做法，详见第 15 章。

（3）外露构件装饰做法：如雨棚、空调板等。

（4）外保温做法。

（5）楼地面构造交界处和地坪高度变化做法，一般会有保温措施及外饰面做法。

（6）防静电、防震、防腐蚀、防爆、防辐射、防尘、屏蔽等特殊装修做法。

1.10　油漆涂料工程

[注意事项]

（1）外（内）木（钢）门窗油漆选用。

（2）楼梯、平台、护窗钢栏杆油漆选用。

（3）室内外露明金属件的油漆做法。

第 2 章 平整场地成本分析及 3 个审计要点

2.1 平整场地成本分析

人工平整场地劳务分包价格：

标高在 ±300 mm 以内的挖土找平、铲草皮及清理其他杂物等，劳务分包成本价格为 3 元/m^2，一般含在土方工程里同时报价。

注：上述价格会因所在地区不同有所差异，建议参考本地区价格水平并结合以上建议价格区间使用。

2.2 平整场地的清单规定及精准计算

2.2.1 清单的计算规定

建筑物场地厚度 ≤ ±300 mm 的挖、填、运、找平，应按表 2-1 中平整场地项目编码列项。厚度 > ±300 mm 的竖向布置挖土或山坡切土应按表 2-1 中挖一般土方项目编码列项。现场平整土地如图 2-1 所示。

表 2-1 "13 清单"计算规则及相关规定

项目编码	项目名称	项目特征	计量单位	工程量计算规则	工作内容
010101001	平整场地	1. 土壤类别 2. 弃土运距 3. 取土运距	m^2	按设计图示尺寸以建筑物首层建筑面积计算	1. 土方挖填 2. 场地找平 3. 运输

注：挖土应按自然地面测量标高至设计地坪标高的平均厚度确定。竖向土方、山坡切土开挖深度应按基础垫层底表面标高至交付施工场地标高确定，无交付施工场地标高时，应按自然地面标高确定。

图2-1 现场平整场地

2.2.2 清单名词解释

（1）自然地坪标高：也就是原始地貌的标高。在工程进场时，开挖前，施工单位会对待平整场原始地形地貌进行测量，形成方格网，以此作为初始计算土方的标高的依据。

（2）室外设计地坪标高：根据地质情况，由设计单位出具的室外完成面的标高。

（3）挖土厚度＞300 mm 执行挖一般土方。

2.2.3 首层建筑面积的精准计算

平整场地大部分地区是以首层建筑面积进行计算，但很多造价人员，并没有对首层建筑面积进行精准的计量，极容易出现漏算等状况，现将首层建筑面积进行归类统计。

（1）外墙外边线：外墙外边线含保温厚度，以此计算建筑面积，同时注意保温基层及黏结层也包括在内。

（2）阳台：计算阳台属于主体结构外阳台，按阳台底板计算 1/2 面积，且阳台保温全部计算。

（3）雨棚：有柱雨棚按照结构板 1/2 计算面积，无柱雨棚结构外边线至外墙结构外边线 2.1 m 以上的，应该按照雨棚结构板的投影面积计算 1/2 面积。

（4）室外楼梯：室外楼梯应并入所依附建筑物自然层，并应按其水平投影面积的 1/2 计算建筑面积。

2.3　平整场地的3个审计要点

1. [审计点] 单独的地下车库，没有首层，平整场地该不该计算

根据清单解释，挖填厚度小于 300 mm 的都应该计取一遍场地平整。如果车库顶板上方没有建筑物，即可以按照车库面积进行计算，同时需要结合当地定额计算规则，或以定额站文件解释为准。以下解释为河北定额站宣贯文件。

《2012 年河北省建筑工程计价依据解释》（冀建价建〔2014〕58 号）

2012 年《全国统一建筑工程基础定额河北省消耗量定额》解释——A.1 土石方工程第 3 条，具体如下：

3. 关于平整场地项目：当建筑物上小下大时应该怎么计算工程量，例如：某建筑物车库占地大于地上建筑物占地面积，计算平整场地项目时是按车库占地面积还是按地上建筑物面积？

答：按地下车库占地面积计算。

2. [审计点] 使用机械大开挖是否要计算平整场地的工程量

使用机械大开挖时，是否计算平整场地工程量不同地区存在很大的争议,大家首先以各地定额计算规则及相关解释为主。

部分地区定额规定,对已做竖向布置挖、填、找平和管道沟的土方工程不计算平整场地,而地基土方大开挖工程应计算平整场地,在部分没有明确的地区,根据所站在的角度不同给出三种"对审技巧":

(1)审计角度(不计算)。原因:在清单计价规范下,厚度>300 mm 的竖向布置挖土或山坡切土应按挖一般土方项目编码列项。大开挖厚度早已大于 300 mm,所以不应再计算土方。

(2)施工单位角度(计算)。原因:工程大开挖前为了施工放线,保证大型机械正常进场,新建工程都需进行一次场地平整才可以进行土方开挖。

(3)建议角度。需要结合土方施工方案,甲方移交的地形如果已经进行清表及满足竖向土方平整条件,或者原始地貌足够平整,如果现有地形可以直接进行土方开挖,这时不需要进行计算。如果甲方要求施工方进行清表或者根据土方施工方案,确实需要进行场地平整,则需要进行计算。

3. [审计点] 三通一平与平整场地

(1)三通一平和平整场地的范围区别是什么。

1)三通一平:指的是场区的场地平整,包括楼座及生活区、加工区、办公区等,计算范围是施工红线范围。

2)平整场地:指的是建筑的首层面积,仅包括楼座,计算范围是根据地区不同有所不同,大多地区为首层建筑面积。

注意:前者属于建设单位职责范围,后者属于施工单位职责范围。

(2)三通一平后是否还需要计取平整场地。

一般来说，如果施工现场已经进行了三通一平，平整场地费用还是需要再计取一遍的。下面为河北地区的定额答疑，具体还需结合当地定额的计算规则。

《2012年河北省建筑工程计价依据解释》（冀建价建〔2014〕58号）

2012年《全国统一建筑工程基础定额河北省消耗量定额》解释——A.1土石方工程第7条，具体如下：

7. 如果施工现场地面已经三通一平，是否还需要套平整场地？

答：套用平整场地。

2.4 平整场地各地定额计算规则总结

2.4.1 平整场地各地定额计算规则说明

1. 北京2012定额规定

建筑物按设计图示尺寸以建筑物首层建筑面积计算。地下室单层建筑面积大于首层建筑面积时，按地下室最大单层建筑面积计算。

2. 江苏省2014定额规定

（1）平整场地是指建筑物场地挖、填土方厚度在300 mm以内及找平。

（2）平整场地工程量按建筑物外墙外边线每边各加2 m，以面积计算。

3. 湖南省 2014 定额规定

平整场地工程量建筑物外墙外边线每边各加 2 m，以平方米计算。

4. 河北省 2012 定额规定

平整场地工程量按建筑物（或构筑物）的底面积（包括外墙保温板）计算，包括有基础的底层阳台面积。围墙按中心线每边各增加 1 m 计算。道路及室外管道沟不计算平整场地。

2.4.2 干货总结

（1）大部分地区定额规则的平整场地面积＝首层建筑面积。

（2）若有地下室单层建筑面积大于首层：平整场地面积＝最大单层地下室建筑面积。

（3）有些地区定额规则平整场地面积＝外墙外边线外放 2 m 面积。

综上：不同地区的定额计算规则不一致，在结合本地区定额计算规则的同时，结合前述计算建筑面积时容易忽略及遗漏的项目，对建筑面积进行精准计算。

2.5 案例分析：项目停水停电，费用不可不变

案例：某施工单位通过正规的招投标取得总包资格后，按照业主要求组织正常进场，进场后发现甲方三通一平没有到位，导致停水停电，无法保证日常生产、生活用水以及正常的供电需求，总包单位协调场外运水及租用临时发电机，以此制作签证，

此费用能否主张？

案例分析：首先分析此项目是否正式开工，如果业主下发开工令，并按要求组织进场，并且因业主方原因导致三通一平不到位，引起了断水断电等情况，此费用可以争取。

第 3 章 土方工程成本分析及 23 个审计要点

3.1 土方工程成本分析

土方工程成本参考价格,如表 3-1 所示。

表 3-1 土方工程成本参考价格

序号	工作内容	单位	指导价(元)	限定条件	备注
1	机械土土方开挖(含人工清底)	m³	20~22	仅含场内运输,人工清底厚度为 300 mm	含小型辅助工具
2	人工挖淤泥、流沙	m³	45	仅含场内运输	含小型辅助工具
3	回填土:松填	m³	8	场内取土、回填、平整等	含小型辅助工具
4	回填土:夯填	m³	9	场内取土、回填、平整、打夯等	含小型辅助工具
5	回填土:分层夯填	m³	12	场内取土、回填、平整、打夯等	含小型辅助工具
6	原土打夯	m²	1.5	平整、打夯	含小型辅助工具
7	场地回填(砖渣)夯实	m³	45	场内砖渣倒运、平整、压实	人工、机械不含砖渣材料费

注:土方工程经常涉及"地方上有活力的社会组织及地区性保护"问题,导致价格会有所偏差,且价格会因所在地区不同有所差异,建议参考本地区价格水平并结合以上建议价格区间使用。

3.2 招投标阶段8个审计要点

1.[官方依据]土壤的类别如何确定

有详细的地勘报告,此时可以根据地勘报告情况在清单特征描述中进行描述,如"详见地勘报告"。

如果没有地勘报告，可以根据《建设工程工程量清单计价规范》（GB 50500—2013）（以下简称"13 清单"）计算规定：在清单里面描述各类土质，如土壤类别不能准确划分时，招标人可注明为综合，由投标人根据地勘报告决定报价，投标人需要在充分进行现场踏勘后，进行精准报价。表 3-2 所示为"13 清单"中的土壤分类，图 3-1 所示为土壤实际类别。

表 3-2 "13 清单"中的土壤分类

土壤分类	土壤名称	开挖方法
一、二类土	粉土、砂土（粉砂、细砂、中砂、粗砂、砾砂）、粉质黏土、弱中盐渍土、软土（淤泥质土、泥炭、泥炭质土）、软塑红黏土、冲填土	用锹，少许用镐、条锄开挖。机械能全部直接铲挖满载者
三类土	黏土、碎石土（圆砾、角砾）混合土、可塑红黏土、硬塑红黏土、强盐渍土、素填土、压实填土	主要用镐、条锄，少许用锹开挖。机械需部分刨松方能铲挖满载者，或可直接铲挖但不能满载者
四类土	碎石土（卵石、碎石、漂石、块石）、坚硬红黏土、超盐渍土、杂填土	全部用镐、条锄挖掘，少许用撬棍挖掘。机械需普遍刨松方能铲挖满载者

注：本表土的名称及其含义按国家标准《岩土工程勘察规范》（GB 50021—2001，2009年版）定义。

图 3-1 土壤实际类别

2.[审计点]如何确定地下水位高度

根据地质勘察报告确定地下水位高度,分析图纸确定垫层底标高,进而确定地下水位于结构层哪个部位,整体建筑物是否浸水,以此来确定是否需要排水措施,采取何种排水措施,此费用需要在投标时加以考虑,避免因为对现场地下水位情况了解不到位,影响对后期降水费用的判断。

拓展:几种排水措施(降水措施会在第7章详细讲解)。

(1)明沟排水:是指在排水区内用明沟排除多余的地面水、地下水和土壤水。需要注意雨水箅子、坑内坡度、引用图集等相关做法,此类明沟排水,一般会引用标准图集。

(2)集水井降水:地下水从井管下端的滤水管凭借真空泵和水泵的抽吸作用流入管内,汇入集水总管,流入集水箱,由水泵排出。

(3)地下连续墙:开挖出一条狭长的深槽,清槽后,在槽内吊放钢筋笼,然后用导管法灌筑水下混凝土筑成一个单元槽段,如此逐段进行,在地下筑成一道连续的钢筋混凝土墙壁,作为截水、防渗、承重、挡水结构。

3.[审计点]土、石方的体积是按照虚方还是自然方

土方体积应按挖掘前的天然密实体积计算,同时回填方也需要按照实方进行计算,即便回运时拉的土都是虚方,也需要按照实方计算回填体积。土方体积折算系数如表3-3所示,现场实际堆土如图3-2所示。

表3-3 "13清单"中的土方体积折算系数

天然密实体积	虚方体积	夯实后体积	松填体积
0.77	1.00	0.67	0.83

续表

天然密实体积	虚方体积	夯实后体积	松填体积
1.00	1.30	0.87	1.08
1.15	1.50	1.00	1.25
0.92	1.20	0.80	1.00

注：① 虚方指未经碾压、堆积时间≤1年的土壤。

② 本表按《全国统一建筑工程预算工程量计算规则》（GJDGZ—101—95）整理。

③ 设计密实度超过规定的，填方体积按工程设计要求执行；无设计要求按各省、自治区、直辖市或行业建设行政主管部门规定的系数执行。

图3-2　现场实际堆土

4.[审计点]基底底部人工清槽是否漏算

一般规定，为了防止土方超挖，防止基础底部土壤松动，基坑底部预留200～300 mm进行人工清槽，具体高度详见图纸及业主要求，施工单位在投标时不要丢项。

定额选用时套用人工清槽定额子目，同时注意与总体土方的扣减关系，人工清槽部位不要重复计算。

5.[审计点]踏勘现场是否具备存土条件

进行现场踏勘，并结合土方施工组织设计或专项方案，分析现场是否具备存土条件，存土距离是多少。避免后期因为回填运距及是否需要外购土产生争议，此土主要用于肥槽回填或车库顶板覆土回填。现场堆土条件及堆土距离如图 3-3 所示。

图 3-3　现场堆土条件及堆土距离

6.［审计点］清单土方计算规则和定额土方计算规则不一致时的处理办法

（1）清单工程量与定额工程量的区别。清单计量规范为按设计图示尺寸以基础垫层底面积乘以挖土深度计算，而定额计量规则需要考虑工作面宽和放坡的实际挖土量。图 3-4 所示为定额工程量示意图，图 3-5 所示为清单工程量示意图。

图 3-4　定额工程量示意图

图 3-5　清单工程量示意图

(2) 在招标工程量清单编制中解决争议。

1) 根据地区清单补充性文件或宣贯文件,如北京地区规定:编制清单时土石方工程量执行 2012 年预算定额相关规定:

京建发〔2014〕172 号

第二十条其他有关说明第一点,具体如下:

(一) 编制工程量清单时,建设工程中土、石方工程项目的工程量计算规则,应当执行 2012 年预算定额的相关规定,并在招标文件中予以说明。

2) 对于招标单位:在编制招标控制价时为了避免后期结算争议,同时为了保证结算快速、准确、无歧义性,我们可以在招标控制价中予以明确,在特征描述里面加一句"工程量按定额计算规则进行计量,综合考虑工作面宽及放坡"。

(3) 在投标时考虑。作为投标单位,在收到工程量清单时,不确定招标人到底是怎么考虑的,这时需要投标人自行对工程土方进行计算,主要分两个步骤:

1) 提出答疑,问询是按照清单规则还是按照定额规则,如招标人按照定额规则,建议增加清单描述,避免后期结算争议。

2) 如按照清单计算规则,那就需要投标人自行计算土方实际工程量,将工作面宽及放坡增量部分考虑到综合单价里面。

(4) 实例。某工程,按照清单计算规则计算土方工程量为 1000 m^3,但现场考虑工作面宽及放坡,实际挖方量为 1200 m^3,则在招标过程中,施工单位在投标中如何确定综合单价?

按照清单量进行组价,如图 3-6 所示。

编码	类别	名称	专业	项目特征	含量	工程量表达式	工程量	综合单价	综合合价
B1		土方工程							37920
010101002001	项	挖一般土方		1.土壤类别:详见工程地质勘查报告 2.挖土深度:按图纸设计要求 3.弃土运输:自行考虑		1000	1000	37.92	37920
1-7	定	机挖土方 运距1km以内	建筑		1	QDL	1000	9.49	9490
1-48	定	石方(碴)运输 运距15km以内	建筑		1	QDL	1000	28.43	28430

图3-6 清单量组价

按照定额量进行组价,如图3-7所示。

编码	类别	名称	专业	项目特征	含量	工程量表达式	工程量	综合单价	综合合价
B1		土方工程							45500
010101002001	项	挖一般土方		1.土壤类别:详见工程地质勘查报告 2.挖土深度:按图纸设计要求 3.弃土运输:自行考虑		1000	1000	45.5	45500
1-7	定	机挖土方 运距1km以内	建筑		1.2	1200	1200	9.49	11388
1-48	定	石方(碴)运输 运距15km以内	建筑		1.2	1200	1200	28.43	34116

图3-7 定额量组价

通过上述对比:

执行清单量综合单位为:37.92元,合计:37920元。

执行定额量综合单价为:45.5元,合计:45500元。

这样,价差就很明显了。

7.[审计点]挖一般土方、挖基坑土方是如何区分的

一般规定,大开挖时执行挖一般土方,集水坑、下柱墩等小型土方区块执行挖基坑土方。

具体以各地区定额规定为主,两者在价格上存在差异,要根据实际情况选用对应定额子目,如图3-8所示。

	编码	名称	单位	单价
1	1-6	人工挖土方 运距1km以内	m3	16.67
2	1-7	机挖土方 运距1km以内	m3	9.96
3	1-8	机挖土方 槽深5m以内 运距1km以内	m3	12.12
4	1-9	机挖土方 槽深5m以内 运距15km以内(已停止使用)	m3	23.84
5	1-10	机挖土方 槽深13m以内 运距1km以内	m3	13.93
6	1-11	机挖土方 槽深13m以内 运距15km以内(已停止使用)	m3	25.65
7	1-12	机挖土方 槽深13m以外 运距1km以内	m3	17.02
8	1-13	机挖土方 槽深13m以外 运距15km以内(已停止使用)	m3	28.73

(a)

图3-8 一般土方和基坑土方的价格差异

编码	名称	单位	单价
1	1-20	人工挖基坑 运距1km以内	m3	21.56
2	1-21	机挖基坑 运距1km以内	m3	13.26
3	1-22	机挖基坑 运距15km以内(已停止使用)	m3	24.97

(b)

图3-8 一般土方和基坑土方的价格差异(续)

8. [审计点] 钎探费用是否都需要计取

钎探费用是否计取并非绝对。

(1) 界面划分：首先明确钎探是否在总包范围内，还是业主直接委托地勘单位施工。如果在总包范围内，并且明确需进行钎探，则需要计算此费用。

(2) 分析地形情况：在甲方没有明确要去的情况下，视情况分析是否需要钎探，以此来决定报价。

3.3 实施阶段7个审计要点

1. [审计点] 土方顶标高确定时的注意事项

(1) 进场后首先需要让甲方提供原始地面高程图或者方格网图，以此来确定原始地面标高。

(2) 分析场地是否有桩基工程，如静力压桩，在打桩的过程中，土方的高度也会被相应挤压提高，所以在桩基完成之后，要对标高进行复测，以得到新的高程值。这是经常被大家忽略的一个审计点。

工作方式提醒：在进行工作时，要充分分析现场实际情况，保持造价前后逻辑性，分析互相扣减关系及对应关系，以进行精准计量。

2.[审计点]土方底标高确定时的注意事项

（1）根据图纸设计习惯，一般情况下计算坑底标高，是"筏板顶标高—筏板厚度—垫层厚度"，来推算出基坑底标高，但是这里面有一个大家容易忽略掉的内容，即垫层和筏板之间会有防水层保护层做法，它也占一定厚度。所以"坑底实际标高＝筏板顶标高—筏板厚度—防水保护层厚度—垫层厚度"，防水保护层的漏算，是90%以上造价新人都会犯的错误，要格外注意。

（2）筏板基础中，筏板厚度可能不一致，根据上述公式"坑底实际标高＝筏板顶标高—筏板厚度—防水保护层厚度—垫层厚度"，筏板厚度差异也会导致挖土底标高的高度有差别。这一点也要注意。基坑底标高的差异内容如图3-9所示。

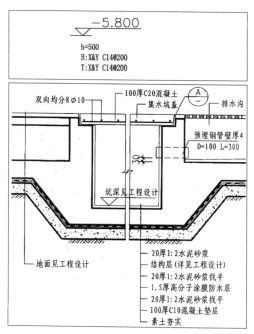

图3-9 基坑底标高的差异内容

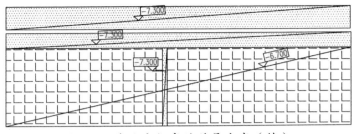

图3-9　基坑底标高的差异内容（续）

3. [利润点] 现场堆积时间超1年土方的增利处理方案

对于现场存土由于停工或者非施工单位原因导致堆积时间超过1年，由于时间堆积久，土方因为沉积变得牢固，此时再土方回运时，建议主张增加挖土方费用。

施工单位话术：根据"13清单"规定，虚方指的是未经碾压、堆积时间≤1年的土壤。现场存放大于1年，且沉积严重，已经变成了自然方，需要进行土方挖运。土方体积折算系数及相关注释如表3-3所示。

4. [利润点] 出现挖淤泥里面的套路

如果遇到挖淤泥或者流沙，需要及时找业主或者监理进行见证，并确认淤泥或流沙的挖除工程量，及时办理签证，方便后期进行结算。一般土方与淤泥土方单价相差较大，如图3-10所示。

1	1-6	人工挖土方 运距1km以内	m3	16.67
2	1-7	机挖土方 运距1km以内	m3	9.96
3	1-8	机挖土方 槽深5m以内 运距1km以内	m3	12.12
4	1-9	机挖土方 槽深5m以内 运距15km以内（已停止使用）	m3	23.84
5	1-10	机挖土方 槽深13m以内 运距1km以内	m3	13.93
6	1-11	机挖土方 槽深13m以内 运距15km以内（已停止使用）	m3	25.65
7	1-12	机挖土方 槽深13m以外 运距1km以内	m3	17.02
8	1-13	机挖土方 槽深13m以外 运距15km以内（已停止使用）	m3	28.73

(a)

图3-10　定额中一般土方和淤泥土方的价格差异

| 1 | 1-23 | 挖淤泥、流砂 人工挖 | m3 | 60.71 |
| 2 | 1-24 | 挖淤泥、流砂 机挖 | m3 | 36.29 |

(b)

图3-10 定额中一般土方和淤泥土方的价格差异（续）

一些施工单位的增利方式：

（1）一些施工单位在处理淤泥时，先做签证，留好现场照片，有条件的现场把淤泥挖到一边，晾干后按照土方外运。既能要到挖淤泥的钱，又能节省外运费用。

（2）如果淤泥过稀，外运时则协调对淤泥进行掺土外运，也是一种处理措施。

具体要实事求是，灵活选择处理问题的方式，以客观公正的方式取得利益最大化。

5.[审计点]集水坑、下柱墩土方工程量计取

因为人工挖土和机械挖土，综合单价相差较大，所以在土方开始时要根据土方专项施工方案分析或施工组织设计，明确集水坑、下柱墩采用人工挖土还是机械挖土，尤其是有桩基础的，此时一定要明确做法核定单，明确后进行单独列项。人工挖土和机械挖土的单价如图3-8（b）所示。

6.[利润点]回填土如何区分松填和夯填

回填土松填和夯填价格差异较大，一般基坑肥槽回填执行夯填，地库顶板、房心回填及绿化用地上执行松填，具体看图纸说明及要求。松填和夯填价格相差近3倍，如图3-11所示。

| 1 | 1-29 | 基础回填 回填土 松填 | m3 | 6.9 |
| 2 | 1-30 | 基础回填 回填土 夯填 | m3 | 20.1 |

图3-11 定额中松填和夯填的价格差异

7. [审计点] 基础梁、承台土方挖方是否计算工作面及放坡量？

（1）分析综合单价是否包含放坡工程量，如前文所述，放坡工程量有时会以增加综合单价的形式体现，如果清单综合单价中包含此项工作内容，则直接按照"垫层底面积 × 挖土深度"计算。

（2）如果清单综合单价未体现，清单描述未明确说明，则可以正常计取工作面和放坡。

3.4　结算阶段8个审计要点

1. [审计点] 土方工程结算应该准备的资料都有什么

（1）地质勘查报告。

（2）挖方范围及土方放坡系数。

（3）土方施工组织设计或专项施工方案。

（4）原始地貌高程点或方格网、验槽记录等。

（5）挖填之后的高程点或者方格网。

（6）现场实际施工方案：挖土机械使用类型、开挖方式（大开挖还是基坑、基槽开挖）、是否有外运土、运土机械类型及运距、回填土方式（人工回填还是机械回填，松填还是夯填）。

（7）现场发生的变更洽商签证等资料。

2. [知识盲区] 表土剥离技术是什么

结合目前资源保护可持续发展观，多地区执行表土剥离要求，即表土剥离再利用，是指将建设所占土地约 300 mm 厚的表土搬运到固定场地存储，然后搬运到废弃土地上完成造地复垦的技术，有效保护地表熟土资源不流失，不浪费，同时剥离的表土进行造地复垦，土壤肥力充足，作物产量高，此项费用应结合挖土、存土及恢复方案，在结算时根据实际情况进行调整。

3. [审计点] 土方的专业分包单位施工不到位，需要总包单位进行补挖情况如何处理（交叉作业情况）

专业分包单位在进行土方施工完毕后，经常会存在土方施工不到位情况，总包单位在收到移交场地时，需要会同业主及专业分包单位，测量坑底交付标高，并进行见证签字，进而分析是否有未挖到位或者超挖情况。

如果涉及二次挖补，则需要提前沟通，做好签证。避免因专业分包单位和总包单位界面移交问题产生纠纷。

4. [利润点] 土方措施性费用争议点及解决方案

（1）局部软弱地基处理：遇到局部软弱地基如地下水淤泥质土，此时需要上报甲方明确处理方案，如涉及砂石换填时，要及时做好签证，并明确"换填范围、换填材料种类、换填厚度"等造价要素，如图3-12所示。

图3-12　局部软弱土层

（2）开挖前车行道上存在局部软弱地基：为保证机械正常进出场，需要铺设钢板或换填砂石垫层，此时铺设钢板及砂石垫层的人材机应及时办理签证，如图3-13所示。

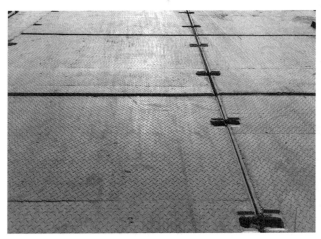

图3-13　现场道路铺设钢板

（3）基坑侧壁局部挡土板支设：基坑开挖过程中，如果遇到附近有建筑物等不能放坡条件，则需要设置挡土板，需要明确施工方案，有必要时会同业主及监理，确认挡土板工程量，避免结算争议。

5. [审计点] 基坑出现塌方处理措施

首先要明确基坑出现塌方的责任。

基坑出现非正常塌方现象：由于业主对地址勘察不够，所委托的设计单位，设计的支护未达到支护要求，或因连续暴雨等不可抗力，导致基坑出现塌方，此时需要施工单位明确加固方案，并及时进行边坡加固，同时及时办理签证手续，并完善现场已经发生的加固资料，避免因资料不全或者无法进行计量产生纠纷。

基坑出现人为塌方：由于施工单位施工不到位，或者施工组织不合理，导致现场塌方，此时加固费用由施工单位自行承担。

6. [审计点]外购土方确定

肥槽回填时，如因场内无存土点，或堆土无法满足回填要求，需要外购土方时，如果没有对应价格，则应按照实际办理签证，走对应公司认价流程，明确土方工程量及土方单价，同时还需签认运输距离，避免结算时因为量价及距离不明确产生争议。

7. [审计点]土方坡道

（1）土方工程为专项分包：分包单位按照施工合同，完成全部土方的挖运，按实际来说，并不会在场内预留土方坡道，但在总包单位和土方专项分包单位交叉作业时，总包方为了方便后续施工，会要求土方分包单位预留土方坡道，待基础施工完毕后，由总包单位运出，此费用一般包括在土方分包中，发生时不再另行计算。

（2）土方工程为总包范围内：如果土方工程为总包范围内，所有费用都含在土方工程中，不另行计算。

8. [审计点]渣土消纳费用是否计取，结算时是否需要提供渣土消纳证

部分地区有渣土消纳需求，渣土需要按照要求进行消纳，并增加渣土消纳费用，此时施工单位实际是否消纳成了结算难题。

（1）施工单位主张：我司依据合同规定，完成了土方外运

工作，即完成工作要求作为合同履行的条件，并不因我是否消纳而扣减费用，同时也没有必要提供消纳证。因为我司已经按照合同要求完成对应工作。

（2）审计及业主主张：按照清单规定并在合同中约定了渣土消纳的费用，施工单位需要提供充分的证明性材料，证明你已经按照合同约定进行消纳了，这笔费用才可以主张。

乍一看这两者都有道理，但实际来说施工单位还是应该提供渣土消纳证，因为合同有约定，并且结算时提供合理的证明材料是结算的前提条件，所以渣土消纳证需要按实提供。

3.5 案例分析

这是一个土方结算中爱与分包喝酒的李总的故事。

案例1：中建某局某项目部，在某工程大开挖土方施工过程中，为保证临近建筑物结构安全性，在基坑底部采用了局部挡土墙，结算时审计以没有甲方指令及要求为由，将此项费用扣减，施工单位能否主张此项费用？

案例分析：针对此类问题，就要有追溯性思维，我们要看一下投标时采用的基坑支护方案中，是否包含此项费用。

如果已经在投标方案中，且现场周边的建筑物是已知存在，并经过现场踏勘，此时费用就应由施工单位自行承担，不能再单独计取。

如果没有包括在投标方案中，是业主原因导致的方案变更，导致费用增加，此时可以追加费用（一般情况下业主不会改变方案），所以此项费用在一般情况下施工单位无法主张。

伤心之下李总找来分包单位一起喝了个闷酒。

案例2：接着上述背景，在挡土墙未争取到费用后，项目部李总每天闷闷不乐，适逢暴雨，李总和分包一饮而醉。翌日，在基坑砌筑挡土墙旁边，产生了不规则沉降及局部塌陷，李总立刻命令总包单位请示甲方"由于临近建筑物，我方在事前已经按施工方案采用了挡土墙进行保护性工作，建议边侧增加挡墙做法，同时说服甲方将之前的措施性挡墙进行认可，认为此项工作在一定程度上避免了甲方的损失扩大。"

案例分析：施工方不能索赔。

按照施工单位投标文件及基坑施工组织设计或施工方案，且方案足够明确，那么此项费用已经含在投标报价中，同时业主没有叫你不采取有效的措施防止事故的发生，保证性措施也是含在了合同价格中，至于减少了损失，业主方对此"深表感谢"！

增加部分的挡土墙，如果不在合同范围内，可以以签证的形式追加费用。

气急之下，李总又约分包单位喝了一顿。

案例3：接着上述背景，李总在与咨询单位进行土方对量时，发生了这样一件事，在签订合同时规定，土方工程按实结算，在进行基础施工时，现场也同样按照规范要求设置了工作面及放坡，但在清单编制中，并未体现按照定额计算规则还是清单计算规则，在结算时，审计单位以按照清单量（不计工作面及放坡）进行扣减，总包单位李总如何主张此项费用？

案例分析：首先合同规定的按实结算，即按规范要求施工，完成某项工作实际消耗的工作量或费用，所以以上内容，符合按实结算条款的约束力，总包单位可以主张此项费用。

高兴的李总，开开心心地又约分包喝了一顿。

第4章

深度破解大地形
复杂土方计量难点

4.1 算量前的准备工作

4.1.1 软件安装

软件安装前要明确所购加密锁及对应 CAD 软件版本，因为南方 CASS 软件是搭载在 CAD 上运行的软件系统，所以合适的版本，会导致运行速度和效率大幅提升。这里给大家提供一下建议适配方案，即在使用过程中建议 CASS 9.1 配合 CAD 2007 使用，能够达到完美运行且兼容性很好，如果为了实现较高功能，建议 CASS 10.1 配合 CAD 2016（非常流畅），新版软件支持土方计算底稿的 Excel 导出功能，需要时可以灵活选用。

4.1.2 资料准备

土方在计算时不论是否采用软件进行处理，都需要提供下述资料，以保证计量结果的准确性。

（1）具有有效签字的开挖前及开挖后（如果开挖后为平面，提供平面高程值）具有 XYZ 属性的高程数据，或者带有准确位置信息的施工图纸。

（2）计量范围：明确的计量范围，能够据此范围计算土方，或者有明确的范围说明。

（3）图纸：带有准确位置信息的图纸，或者工程主体位置图。

（4）其他相关计量说明。

4.1.3 现场踏勘

在土方计算时，需要对现场进行充分的踏勘工作，只有亲自去现场,才能将现场的地形地貌熟记于心,避免后期施工单位在结算时,所报工程量虚高等情况。

(1)踏勘现场实际土质情况:为方便后期在定额套用的时候,选择合适的定额子目。一般情况下,业主单位会提供地勘报告,主要是看有没有淤泥质土或者软弱土层,在报价中需要综合考虑换填措施费。

(2)踏勘是否有陡坎(各种天然和人工修筑的坡度在70度以上的陡峻地段),陡坎会影响工程计量,影响计算的准确性。

(3)踏勘大概地形(是否局部有沟、坑等影响算量的因素):后面会讲到施工单位踩点,为增加土方工程量会故意避开沟、坑等情况,所以要对大地形有最起码的了解,多拍照片,作为结算依据。

(4)踏勘周边基础设施及工作面(大型机械能否正常进入,材料运输是否困难),这些不影响算量,但影响实际造价。

4.2 软件实操

4.2.1 计量原理

现在的测量工具一般都使用 RTK 等智能测量仪器,这是一种新型且常用的卫星定位测量方法,在野外可实现厘米级定位精度,精准快速得到高程点(具有 XYZ 信息的空间坐标点,每一个高程点,在地形空间中,仅有唯一的点和它对应)。它的出现为工程放样、地形测图、各种控制测量带来了新的测量原理和方法,极大地提高了作业效率。其操作原理如图 4-1 所示。

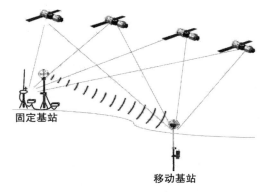

图4-1 RTK操作原理

在工程进场前,先根据现场地形情况利用RTK进行地形测量,测量多个高程点形成方格网;土方开挖完成后,再次测量形成开挖后的高程点,形成方格网,通过软件计算开挖前和开挖后的土方差值,进行土方计算,如图4-2所示。

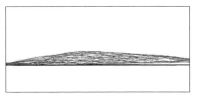

开挖前地形　　　　　　　完成面地形

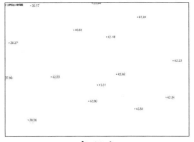
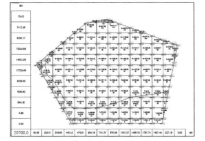

高程点　　　　　　　计算完成后数据

图4-2 软件形成的方格网数据

4.2.2 具体操作

1. 基本操作界面及 CAD 与 CASS 之间互转

在实际操作中，经常会出现当我们想使用 CAD 功能时，单击 CAD 软件图标，出现的依旧是南方 CASS，这时就要知道 CAD 与南方 CASS 之间的互相转换方法。

（1）CASS 转 CAD：文件—CAD 系统配置—将未命名配置置为当前。

（2）CAD 转 CASS：工具—选项—配置 CASS 置为当前。

（3）两项均可双击"置为当前"，如图 4-3 所示。

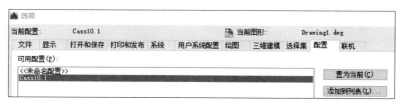

图 4-3　南方 CASS 中功能的转换

2. 高程（dat 格式）文件编制

（1）高程点的正确定义：所谓高程点，就是在整个空间中，有且只有一个点和它对应，即具有 XYZ 属性的信息。

（2）高程点数据转换：有时候施工单位提供的数据不是 XYZ 格式，则需要进行字母对照，在 GPS 测量中 E=Y、N=X、H=Z，可以根据以上对照将 GPS 里面的数据转变为 XYZ 数据，方便后续处理。

（3）编制方法简单陈述。

在 Excel 中，将施工单位上报数据变换成软件所能识别的格式分以下几个步骤。

1)因为软件只能对一种格式数据进行识别和处理,如果出现不规范或者不符合规则的数据,软件不能够准确读出,所以将施工单位或地勘单位上报的 Excel 数据表格,调整为以软件所能识别的固定格式:"序号 空格 Y X Z",如表 4-1 所示。

表 4-1 软件识别的固定格式

序号	空格	Y	X	Z
1		53414.28	31421.88	39.555
2		53387.8	31425.02	36.8774
3		53359.06	31426.62	31.225
4		53348.04	31425.53	27.416
5		53344.57	31 440.31	27.7945

2)Excel 处理完毕之后,软件规定格式为逗号分隔符格式,所以将文件另存为 Excel 中 csv 格式(逗号分隔符格式),如图 4-4 所示。

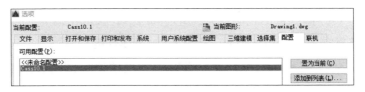

图 4-4 另存为固定格式

3)文件拓展名:将文件重命名,修改扩展名为 dat,软件所能识别的格式为 dat,前述所有操作,即是完成一个合格的 dat 数据文件,在完成后用记事本打开复查一下是否有乱码,是否有错误数据即可。所形成的 dat 文件如图 4-5 所示。

图4-5 修改扩展名

3. 展高程点

所谓的展高程点即展开高程点,将 dat 文本数据展开到图纸固定位置上,以此来精准绘制方格网及进行后续土方计算,如图4-6所示。

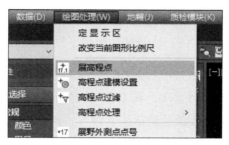

图4-6 展高程点

4. 有属性及无属性高程点提取

(1)有属性高程点提取。对于有坐标信息的图形文件,对该文件进行坐标点提取,单击"工程应用—无编码高程点提取",按照软件提示进行操作。其中,有一个误区要注意,在执行无编码高程点提取时,软件要求输入高程点所在图层,这时要注意的是,并不是直接输入 gcd 三个字母,而是先分析该图纸高程点所在层,并在提取中输入该层名称,才可提取到高程点。

(2)无属性高程点提取。如果高程点无法提取或者不具有高程点属性,这时按下快捷键 G(即创建一个高程点数据),此时插入了一个高程点数据,这时插入的高程点带有高程点属性，然后按鼠标右键，在展开的菜单中依次单击"快速选择—块—块名"，然后框选所有要添加属性的高程点。再按下键盘快捷键 S（刷高程点），即可将高程点属性赋予无属性高程点。

（3）"三无"数据高程点高级提取（Z 轴赋值）。只有 XY 坐标没有 Z 坐标，Z 值为 0，或者 Z 值属性在"内容"属性栏中，同时 Z 坐标数值赋予在图纸的内容中怎么操作？

执行 CAD 命令 dataextraction（数据提取）将图纸中所有数据进行提取，再将 XYZ 数据整理即可。同时还要给有效方式即利用插件方式。

窍门：使用插件 WB。在 CAD 中执行快捷命令 ap，记载插件，选择高程点，按操作提示提取即可，插件可在造价超级包中下载。

（4）数据 DTM 详解。

1）DTM 为 digital terrain mode 的缩写，指数字地面模式。

利用已知 XYZ 坐标点（大量点）对连续地面的统计或者说 DTM 就是地表形态属性信息的表达，是常有空间位置特征和地形属性特性的数字描述，地形表面形态包括高度、坡度、坡向。

DTM 根据 XYZ 通过生成三角网来计算每一个三棱锥的填挖方量，最后累积到指定范围内的填方和挖方的土方量，并绘出挖方分界线。

2）建立三角网。通过前期两种方式处理高程点，建立 DTM 进而形成三角网文件，并对三角网文件进行编辑及保存，在建立过程中如果有陡坎，注意将陡坎选择上即可，如图 4-7 所示。

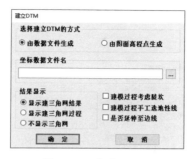

图4-7 建立DTM

在最终形成的是四个文件,即最终形成开挖前 .dat、开挖后 .dat、开挖前 .SJW、开挖后 .SJW。

(5)方格网土方算量。

1)打开"原始地貌—工程应用—高程点生成数据文件"(此项就是前一步的高程点提取),如果有就不用提取了,直接用前文中的 dat 文件(此时生成了 dat 文件)。

2)执行"展高程点—等高线—建立 DTM"命令,此时生成了三角网。

3)对三角网进行保存。

4)土方计算—方格网计算土方,按要求进行计算。

5)缺省时直接按 Enter 键即可,如图 4-8 所示。

(6)DTM 法根据坐标文件计算土方。

1)展点:展原始地貌。

2)按下快捷键 PL,用复合线画出区域,最后执行 C 闭合。根据坐标文件平场标高即平到想要的标高,计算时,软件中的"边界采样间距"默认为 20,它是指利用三角网计算土方时,每 20 m 采集一个高程点样本,即土方计算的采样间距为 20 m,该点的高程点样本,通过高程点周边的高程数据,是经软件计算得到的。根据实际测量的间距,选择合适的距离即可,如图4-9所示。

图4-8 方格网计算土方量

图4-9 边界采样间距设定

（7）利用"DTM 两期文件法"计算土方时，这里的"两期文件"即使用前述形成的两期三角网文件，用此来计算该土方，其结果只要是所测高程发生变化，该部位就会计算土方工程量。

此时计算的土方工程量为开挖前和开挖后高程点发生变化的土方量，这里需要和三角网计算土方进行区别。

（8）区域土方平衡。土方平衡的功能常在场地平整时使用。当一个场地的土方平衡时，挖掉的土石方刚好等于填方量。以填挖方边界线为界，从较高处挖得的土石方直接填到区域内较低的地方，就可完成场地平整。这样可以大幅度减少运输费用。根据场地进行区域土方平衡计算。

4.3 施工单位虚算土方的3种方式

4.3.1 测量前的设置秘密

测量前的秘密就存在于 RTK 测量仪器里面。RTK 测量仪由头部和杆两部分组成，仪器的头部接收卫星数据，进而定位头部这个点的高度。

RTK 进行简单运算：头部接收高度－杆长＝地形实际高度

例：头部接收高度为 105 m，杆长为 5 m，则地形实际高度为 105-5=100 m，这时测量单位可以用两种方法多算土方。

方法 1：RTK 手持接收器中将杆长设置为小于实际杆长的数值。将杆长设置为 4 m，即自动计算式为 105－4=101 m（实际高度较实际地形高 1 m，从而增加大量土方量）。

方法2：RTK手持接收器设置正常，将实际杆长增加。实际杆长为6 m，接收器接收高度即变为106 m。自动计算式为106-5=101 m（实际高度较实际地形高1 m，从而增加大量土方量），如图4-10所示。

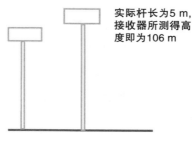

图4-10　RTK高度示意

总结：实际杆长越长，量越大；机器设置杆长越小，量越大。

4.3.2　测量中的走位秘密

（1）施工单位遇见坑或者洼地的时候，少踩点或者不踩点，因为没有高程点，软件自动识别为平地，这样就能多算坑或者洼地的土方，如图4-11所示。

图4-11　当出现局部基坑时，工程量所发生的差异现象

（2）在测量斜坡边线走位的时候，不卡边线，导致放坡量增大，最大三角形为不卡边线走位，进而增大放坡量，如图4-12所示。

 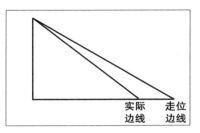

图4-12 测量中卡边线和不卡边线的差异

4.3.3 测量后的数据处理秘密

数据导出后,进行人为干预,对高程进行修改。增大高程点,进而将土方量增大,人工干预后的高程值(软件识别的格式为点号、空格、Y X Z),如表4-2所示。

表4-2 人工干预后的dat数据

点号	空格	Y	X	Z(实际值)	人工干预后Z值
1		53414.28	31421.88	39.555	41.555
2		53387.8	31425.02	36.8774	38.8774
3		53359.06	31426.62	31.225	33.225
4		53348.04	31425.53	27.416	29.416
5		53344.57	31440.31	27.7945	29.7945
6		53352.89	31454.84	28.4999	30.4999
7		53402.88	31442.45	37.951	39.951
8		53393.47	31393.86	32.5395	34.5395

续表

点号	空格	Y	X	Z（实际值）	人工干预后Z值
9		53358.85	31387.57	29.426	31.426
10		53358.59	31376.62	29.223	31.223
11		53348.66	31364.21	28.2538	30.2538
12		53362.8	31340.89	26.8212	28.8212
13		53335.73	31347.62	26.2299	28.2299
14		53331.84	31362.69	26.6612	28.6612
15		53351.82	31402.35	28.4848	30.4848
16		53335.09	31399.61	26.6922	28.6922
17		53331.15	31333.34	24.6894	26.6894
18		53344.1	31322.26	24.3684	26.3684
19		53326.8	31381.66	26.7581	28.7581
20		53396.59	31331.42	28.7137	30.7137

4.4　业主和咨询单位规避土方虚算的方法

众所周知，格网间距越小，精确度越高，反之则越低。同时在软件中，会有不同间距的方格网，需要结合实际进行定义，根据场地的大小，确定较合理的方格网间距。应提前整理出明确的思路，在室内做好书面的方格网网点规划，避免进驻现场后临时起意，从而影响准确性。

4.4.1 土方复测

土方复测是核实工程量最有效的方法，业主方会同监理、施工方对已经完成的土方测量数据，针对局部高程点进行二次复测，即根据已经测得的 XY 数据，来复测 Z（高程点）数据，进而保障土方高程数据的精确，这是最重要的一步，千万不能省去复测！

4.4.2 现场踏勘

多去现场进行踏勘，多拍照，了解现场地形大致特征，如哪儿有起伏，哪儿会放坡，这样在后期处理数据的时候，有大致印象。现场踏勘产生的照片性依据文件，也是后期结算时候的依据。

4.4.3 反向思维

根据土方复测，能解决绝大部分问题，反向思维就是要形成审计与施工双思路，多从对方角度考虑问题，知己知彼才能百战百胜。

根据现场踏勘，对影响整体均值的特殊的、没有代表性的部位进行专门处理，以免整体数据被平均，进而影响整体合理的水平（如个别性的低洼或突兀的高坡）。

4.4.4 造价思维

造价思维就是说，要有成本意识，多从成本出发，土方所占比重相对较大，把控住土方相当于造价成功了 1/3，作为施工单位，也会在土方中重点下功夫，以达到利益最大化的目标。

土方占造价比重较大，双方在土方上多下功夫，往往会有出其不意的效果。

第 5 章 基坑边坡支护成本分析及 7 个审计要点

5.1 各类边坡支护及造价成本分析

5.1.1 基坑支护成本分析

基坑支护成本各单项参考价格如表 5-1 所示。

表 5-1 基坑支护成本各单项参考价格

序号	单项工作名称	单价	单位	说明
1	灌注桩	1030	元/m³	含成桩、混凝土材料及浇筑
		5.2	元/kg	含钢量 75 kg/m³，含材料、运输、加工、安装
2	混凝土冠梁	945	元/m³	含混凝土材料、模板及浇筑
		5.3	元/kg	含钢量 85 kg/m³，含材料、运输、加工、安装
3	混凝土内支撑	1050	元/m³	含混凝土材料、模板及浇筑（不含拆除费用）
		5.2	元/kg	含钢量 135 kg/m³，含材料、运输、加工、安装
4	管桩	205	元/m	含材料（PHC400 AB95）、运输、安装
5	钢格构柱	5400	元/t	含材料、运输、加工、安装、拆除
6	钢围檩	2300	元/t	租赁 120 天，含运输、加工、安装、拆除
7	钢支撑	2520	元/t	租赁 120 天，含运输、加工、安装、拆除

续表

序号	单项工作名称	单价	单位	说明
8	拉森钢板桩	2260	元/t	租赁120天，含施工插拔
9	SMW工法桩H型钢	2560	元/t	租赁120天，含施工插拔
10	喷射混凝土护坡	83	元/m^2	80mm厚喷射混凝土、钢筋网片
11	土钉$\phi 20$	43	元/m	土钉注浆均采用素水泥浆，水泥采标号PO 42.5
12	钢筋锚杆	66	元/m	成孔直径$\phi 110$，注水灰比0.5素水泥浆
13	花管	86	元/m	$\phi 48$钢管，壁厚4.0mm，含材料、运输、加工、安装
13	预应力锚索	132	元/m	锚杆形式：2S 15.2.1860级

注：上述价格会因所在地区不同有所差异，建议参考本地区价格水平并结合以上建议价格区间使用。

5.1.2　放坡开挖成本分析

造价优势：造价最低，支护施工进度快。前提条件为需要土质稳定，场地足够大，且周边无相邻建筑物，可以按照规定要求进行土方放坡，如图5-1所示。

1. 工作内容

坡顶截水沟、坡底排水沟、坡面挂钢丝网、喷射混凝土。

2. 参考价

5m坡深，每延米参考价 730~750 元。

10m坡深，每延米参考价 1400~1550 元。

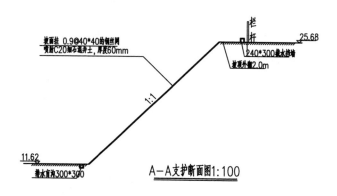

图 5-1 放坡开挖

5.1.3 土钉墙成本分析

由于土质条件略差，或者周边有临近建筑物，放坡角度控制较大，由被加固土体、设置于土中的土钉体和挂钢筋网的喷射混凝土面板等共同作用形成的补强复合土体，如图 5-2 所示。

1. 工作内容

坡顶截水沟、坡底排水沟、坡面挂钢丝网、喷射混凝土、坡面支护（土钉）。

2. 参考价

5m坡深，每延米参考价 1250~1350 元。

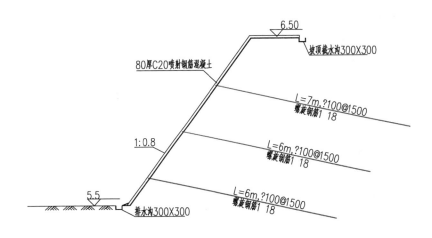

图 5-2 土钉墙

5.1.4 复合土钉墙成本分析

因为施工现场条件限制或周边有重要建筑物,为了减少放坡范围而采取复核土钉墙,土方开挖前打水泥搅拌桩、振动灌注桩、钢板桩、木桩等,然后按土钉墙的施工方法进行施工,如图 5-3 所示。

1. 工作内容

坡顶截水沟、坡底排水沟、坡面挂钢丝网、喷射混凝土、坡面支护、锚杆、腰梁、护坡桩。

2. 参考价

5 m 坡深,每延米参考价 1800 元。

10 m 坡深,每延米参考价 3100 元。

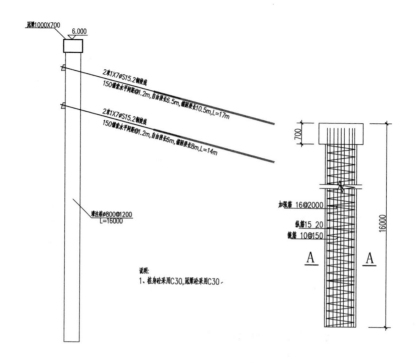

图5-3 复合土钉墙

5.1.5 拉森钢板桩成本分析

拉森钢板桩围堰施工适用于浅水低桩承台,也可以作为水深4m以上且河床覆盖层有较厚的砂类土、碎石土和半干性的封水或挡土结构,拉森钢板桩围堰施工在浅水区基础工程、黏土、风化岩层等基础工程施工中应用较多,如图5-4所示。

1. 工作内容

坡顶截水沟、坡底排水沟、钢板桩(打拔)、坡面喷护、钢腰梁。

2. 参考价

5 m 坡深，每延米参考价 4500 元。

10 m 坡深，每延米参考价 9200 元。

拉伸钢板桩 0.15 t/m², 租金 1517 元 /t/ 天，打拔 500 元 /t，钢板桩 6000 元 /t 左右。

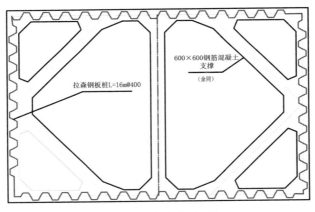

图5-4 拉森钢板桩

5.1.6 拉森钢板桩+锚杆成本分析

在深基坑过程中，"钢板桩 + 锚杆"既能起到支护作用，同时又有很好的防水抗渗效果，且机械化程度高，能够循环利用。

1. 工作内容

坡顶截水沟、坡底排水沟、钢板桩（打拔）、坡面喷护、钢腰梁、土钉。

2. 参考价

5 m 坡深，每延米参考价 4800 元。

10 m 坡深，每延米参考价 10200 元。

5.1.7 桩锚成本分析

墙身强度高、刚度大、支护稳定性好、变形小。成孔设备根据土层及工期要求可选择性较多：人工挖孔、钻孔灌注桩、冲孔桩、旋挖钻孔灌注桩，如图 5-5 所示。

1. 工作内容

坡顶截水沟、坡底排水沟、护坡桩、桩顶连梁、锚杆、坡面喷护、桩间喷护、腰梁。

2. 参考价

5 m 坡深，每延米参考价 6200 元。

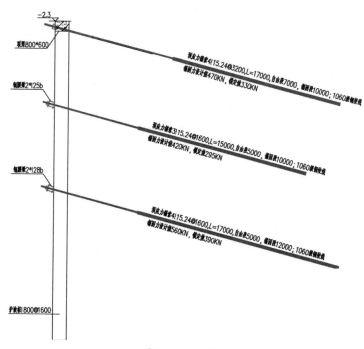

图 5-5 桩锚

5.1.8 SMW工法桩成本分析

此工法在一定条件下可代替作为地下围护的地下连续墙，采取一定施工措施成功回收 H 型钢后则造价大大降低，在水乡片区有较大发展前景，如图 5-6 所示。

1. 工作内容

坡顶截水沟、坡底排水沟、护坡桩、桩顶连梁、锚杆、坡面喷护、SMW 工法桩型钢部分。

2. 参考价

5 m 坡深，每延米参考价 7300 元。

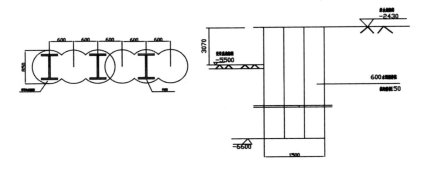

图 5-6　SMW 工法桩

5.1.9 重力式水泥挡土墙成本分析

此工法无须设置锚杆或支撑，便于基坑土方开挖及施工，如图 5-7 所示。

1. 工作内容

坡顶截水沟、坡底排水沟、三轴水泥搅拌桩、混凝土连接板、杆筋、坡面喷护。

2. 参考价

5 m 坡深,每延米参考价 9700 元。

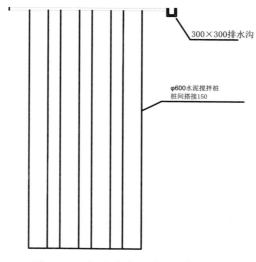

图5-7 重力式水泥挡土墙

上述价格会因所在地区不同有所差异,建议参考本地区价格水平并结合以上建议价格区间使用。

5.2 基坑边坡支护中的7个审计要点

1. [审计点] 边坡支护有哪些与造价相关信息需要注意

要注意图纸中,支护形式及布置要求,土钉的钢筋型号、直径、长度、水平间距,喷射混凝土的强度等级,钢丝网挂网密度等。同时注意,由于地质情况不一,在每一面所设置的土钉也会不一样,要根据各个截面土钉的节点设计,进行精准计算。

2. [审计点] 经常漏算的基坑局部加强土钉

基坑侧壁土钉是按照固定间距进行布置的,但在基坑转角处,往往是基坑受力薄弱部位,需要土钉加强,在固定间距情况下,有时转角处不能正确计算土钉工程量,所以要充分分析图纸说明,如果图纸说明在转角处加强,不要漏算此处工程量。

3. [审计点] 基坑上檐口水平钢丝网及喷射混凝土不要漏算

在基坑上檐口一般 1 m 范围内会有钢丝网加固及混凝土喷射,此处工程量不要漏算。同时挂钢筋网一般是按网距 500 mm 编制的,网距不同要换算含量,含量换算可以参见造价资料包:钢筋网片每平方米重量计算表,同时施工单位为了方便,经常令上檐口喷射长度小于 1 m,此时要结合现场实际情况进行计算,注意留好现场影像资料。

4. [审计点] 基坑上檐口围护是否需要单独计算

首先要明确措施费,措施费可以简单理解为,不构成工程实体的费用,其中安全文明施工费所包含的内容,是为了保证工程的安全所产生的各类费用。

基坑檐口围护是为保证基坑上檐口安全,避免人员跌落,在基坑上檐口设置栏杆围护,此项属于措施项目的安全文明施工费,发生时不再另行计算。

5. [审计点] 复合地基、基坑与边坡的检测、变形观测等费用

边坡的检测、变形观测等项目,不属于工程中的一般性检测,所以不含在总包单位的企业管理费的检测费用中。

需要根据图纸及甲方要求列项并进行,在设计中如有此项

工作，则需要进行计算，在编制清单时，将复合地基、基坑与边坡的检测、变形观测等费用单独列项，不要漏项。

6. [审计点] 垂直土钉的人工降效

土钉护坡子目是按照斜坡打土钉考虑的，一般规定设计要求垂直面打土钉时，建议综合工日乘以系数 1.15。此处结合本地定额进行换算。

7. [审计点] 泄水管布置需要注意事项

泄水管等布置要重点注意：滤管、孔眼、双层反滤网，发生时不要漏算。

同时注意布置形式是采用矩形布置还是梅花形布置。

5.3　案例分析：填不满的不仅仅是腰包，还有可能是桩基注浆

案例：某工程在进行桩基注浆施工时，遇见地下溶洞，进行了超量的灌浆，造成了大量的额外支出，施工单位以地勘报告未体现，造成的损失过大以由，进行了签证，此时能否主张此项费用。

案例分析：首先进行分析，地勘报告未体现，招标工程量清单及合同中是否有签订关于此项风险的分担原则，如果有，则按照合同执行；如果没有相关佐证，则甲方应按实计取超量灌浆所发生的费用。以签证形式体现。

第 6 章

桩基工程成本分析及二个审计要点

6.1 各类桩基工程造价成本分析

6.1.1 人工挖孔桩成本分析

1. 工作内容及条件

桩长 1500 mm，桩径 1200 mm，扩大头 1.5d；纵筋配筋率 0.5%（纵筋 + 箍筋 65 kg/m）。

2. 单价

全费用：1380 元 /m。

其中，清包工工作内容：人工挖土、提土、场内运土 50 m 以内，配合浇筑混凝土。

参考价格：260 ~ 330 元 /m³。

上述价格会因所在地区不同有所差异，建议参考本地区价格水平并结合以上建议价格区间使用。

6.1.2 钻孔灌注桩成本分析

1. 工作内容及条件

桩长 15 m，桩径 1200 mm；纵筋配筋率 0.4%（纵筋 + 箍筋 50 kg/m）。

2. 单价

全费用：1230 元 /m。

其中，清包工工作内容：摩擦桩、护筒埋设及拆除、钻孔、出渣、浇筑混凝土。

参考价格：180 ~ 200 元 /m³（螺旋钻杆）。

参考价格：240 ~ 280 元 /m³（旋挖）。

上述价格会因所在地区不同有所差异,建议参考本地区价格水平并结合以上建议价格区间使用。

6.1.3 冲孔灌注桩成本分析

1. 工作内容及条件

桩长 15 m,桩径 1200 mm;纵筋配筋率 0.4%(纵筋 + 箍筋 50 kg/m)。

2. 单价

全费用:1320 元 /m。

其中,清包工工作内容:1 m 冲击钻、护筒埋设及拆除、配合钻孔、出渣、测量孔径、配合浇筑混凝土。

参考价格:250 ~ 270 元 /m³。

上述价格会因所在地区不同有所差异,建议参考本地区价格水平并结合以上建议价格区间使用。

6.1.4 其他成本分析

(1)凿桩头。参考单价:180 ~ 220 元 / 个。

(2)挖基坑石方、淤泥。参考单价:24 元 /m³ 左右。

(3)抽水弱水流(多数单位包干 1000 ~ 2500/ 个)。参考单价:4 元 /m³。

(4)爆破。参考单价:170 ~ 200 元 /m。

(5)泥浆外运。参考单价:60 ~ 75 元 /m³。

(6)钢筋笼。参考单价 30 ~ 35 元 /m。

上述价格会因所在地区不同有所差异,建议参考本地区价格水平并结合以上建议价格区间使用。

6.2 桩基检测及成本分析

6.2.1 低应变检测法及成本分析

（1）检测方法：利用专用锤敲击桩顶部，通过桩顶部粘接的传感器接收来自桩中的应力波信号，从而获得桩的完整性信息。

（2）检测成本：低应变检测法检测简便，且检测速度较快。一根桩检测费用约 400~500 元。

6.2.2 声波透测法（超声波检测）及成本分析

（1）检测方法：灌注桩在浇灌混凝土前，在桩内预埋若干根声测管，用超声探测仪沿桩的纵轴方向逐点测量超声脉冲穿过各横截面时的声参数，给出桩身缺陷及其位置，判定桩身完整性类别。

（2）检测成本：检测桩需预埋声测管，增加了桩基的造价，1 m 声测管造价约 12 元，同时声波透测法检测费用较低应变检测法高，每根桩约 500 元。

6.2.3 桩基静荷载试验法及成本分析

（1）检测方法：桩顶施加荷载，判别桩的施工质量及确定桩的承载力。

（2）检测成本：检测时间长及检测费用高，配套工作麻烦，因此较少采用这种方法。4500 元/根，500kN 以上，每增加 1kN 增加 7 元。

6.2.4 钻孔取芯法及成本分析

（1）检测方法：采用钻孔机（一般带 10 mm 内径）对桩

基进行抽芯取样，对桩身状况做出清楚的判断。

（2）检测成本：钻孔取芯法检测费用与桩长有关，600~800元/m。

6.2.5 高应变检测及成本分析

（1）检测方法：锤重达桩身质量10%以上或单桩竖向承载力1%以上的重锤以自由落体击在桩顶，得到桩身完整性参数和单桩竖向承载力。

（2）检测成本：高应变检测的费用比低应变检测的费用高，比静荷载检测的费用低。

6.2.6 桩基的地区收费标准

桩基的检测费规定的收费标准：各地的检测部门都有物价局规定的收费标准，一般市场上的收费标准不一，因为竞争激烈价格差别很大。表6-1所示是北京地区桩基检测收费标准，供大家参考。

表6-1 北京地区桩基检测收费标准

检测分类	检测项目	单位	检测规程	单价（元）	备注
桩基检测	桩基检测	根	JTG/T F81-01-2004	400~500	低应变
		面		500	超声
	混凝土取芯	m		600~800	按取芯长度
		台班		3000	

续表

检测分类	检测项目	单位	检测规程	单价（元）	备注
桩基检测	竖向抗压承载力	点	JTG/T F81-01-2004	4500	垂直静载试验。单点最大加荷≤500kN，堆载法（土、复合地基及桩基），不含试坑开挖及桩头处理费用
桩基检测	竖向抗压承载力	kN	JTG/T F81-01-2004	7	单点最大加荷＞500kN，每增加1kN
桩基检测	水平承载力	根	JTG/T F81-01-2004	5000	单桩最大加荷≤100kN
桩基检测	水平承载力	根	JTG/T F81-01-2004	6000	100kN＜单桩最大加荷≤150kN
桩基检测	水平承载力	根	JTG/T F81-01-2004	7000	150kN＜单桩最大加荷≤200kN
桩基检测	水平承载力		JTG/T F81-01-2004	按前一档综合单价乘以12的附加调整系数	单桩最大加荷＞200kN，每增加50kN

注：上述价格会因所在地区不同有所差异，建议参考本地区价格水平并结合以上建议价格区间使用。

6.3 桩基检测中的2个审计要点

1. [审计点] 桩基检测的费用，是由业主承担还是施工单位承担，有没有什么依据

工程检测费一般分为一般性检测和特殊检测。

（1）一般性检测：在施工单位的投标报价中，包括了企业

管理费，而企业管理费包括工程检测费用，但此处工程检测费用为一般性检测，即施工过程中为了保证制作安装到工程部位的构件质量必须合格而发生的检测费。

（2）特殊检测/专项检测：由甲方另行分包的成品构件检测，此费用由甲方列支。如前面所讲到的低应变、高应变、超声波检测等。此费用不包括在总包范围内，发生时另行计算。

（3）依据：参照《建筑安装工程费用项目组成》（建标〔2013〕44号文）附件1的4.8条："检验试验费：是指施工企业按照有关标准规定，对建筑以及材料、构件和建筑安装物进行一般鉴定、检查所发生的费用，包括自设试验室进行试验所耗用的材料等费用。不包括新结构、新材料的试验费，对构件做破坏性试验及其他特殊要求检验试验的费用和建设单位委托检测机构进行检测的费用，对此类检测发生的费用，由建设单位在工程建设其他费用中列支。但对施工企业提供的具有合格证明的材料进行检测不合格的,该检测费用由施工企业支付。"

2. [审计点] 试验桩检测费用由谁承担，如何计算

桩基检测费由建设单位出。而桩基的检测费用应属于第4.8条中的其他特殊要求检验试验费用范围，也就是说在没有合同要求的前提下，应属于非发包范围，所以应由建设单位出这部分资金。

6.4 桩基工程中的9个审计要点

1. [审计点] 桩的根数及直径确定

根据设计图纸桩基平面图并结合施工单位报送的记录表进行确定，有必要时，在桩基结构施工完毕后，会同监理、总包、

业主去现场对已完成桩基进行验收，包括根数、桩径及成孔深度，在多方见证下，进行精确确定。

同时注意成孔直径和成桩直径的不同，不要计算错误。

2.[审计点]机械形式的选择

成孔方式因为机械的选择不同，对工程造价会有所影响，比如采用旋挖或者螺旋钻等情况，所以在编制工程量清单时，建议增加"根据地质情况综合考虑所使用机械"，避免后期因为投标报价选择机械和实际选择机械冲突时，产生纠纷。

3.[审计点]桩长的确定

1）项目特征中的桩长应包括桩尖，在计算时不要漏算。同时分析设计桩长和有效桩长的区别，设计桩长是进行招投标活动使用，而有效桩长是后期结算的实际桩长，要充分分析图纸和验桩记录表，将桩长确定清楚。表6-2所示为"13清单"中关于桩长的说明及实际工作中的验桩记录表。

表6-2 "13清单"中关于桩长的说明及实际工作中的验桩记录表

序号	桩编号	实际桩长(m)	有效桩长(m)	空孔(m)	超灌高度(m)	桩径(m)	直径外扩(m)	开挖土土方(m³)
1	1	14.5	12.5	2	1	0.8	0.3	14.42

注：① 地层情况按"13清单"中表A.1-1和表A.-1的规定，并根据岩土工程勘察报告按单位工程各地层所占比例（包括范围值）进行描述。对无法准确描述的地层情况，可注明由投标人根据岩土工程勘察报告自行决定报价。

② 项目特征中的桩长应包括桩尖，空桩长度=孔深—桩长，孔深为自然地面至设计桩底的深度。

2）超灌高度：在混凝土浇筑过程中，表面会出现浮浆，为保证桩身质量，在浇筑至设计标高后，要继续超灌一段距离，待混凝土硬化成型后，再进行桩头破碎。超灌高度计入桩身高度中，同时分析图纸是否明确超灌具体高度，如果无明确，则需要及时提出图纸答疑，避免后期因为使用规范不明确，超灌高度无法确定产生纠纷。

4. [争议点] 桩基空孔争议的解决方式

有些工程为了保证进度，在场地未达到场平标高的情况下，即要求施工单位进行挖桩，这时便产生空孔，空桩长度＝孔深－桩长，孔深为自然地面至设计桩底的深度。空孔的情况需要及时办理签证，明确开挖时的自然地面标高，同时需要计取空孔护壁混凝土、护壁钢筋及空孔外运的费用，将所述资料备齐，避免后期结算产生争议。

5. [审计点] 桩基施工过程中遇岩、遇水等未预见障碍物的费用处理

桩基施工过程中经常遇到障碍物，需要进行处理，这种情况下建议施工单位及时做好影像资料，条件允许的情况下召集几方进行现场见证。将影像资料、见证单等作为后期办理签证、洽商的一部分辅助文件，并及时办理签证洽商文件。

6. [争议点] 桩基分包和总包单位界面交接时的争议解决方案

一般桩基工程都是业主专业分包的，在桩基施工完毕后，总包单位正式进场，这时会由于专业分包单位的问题，如接桩情况（桩顶标高没有控制好或者上部浮浆严重使得必须打掉用

钢筋混凝土接长)、截桩情况(上部预留桩长超出设计要求,需要总包单位截桩)等,增加总包单位工作量。这时最佳办法就是通过"多方会审"(建设单位、总包单位、桩基专业分包单位、监理单位、地勘单位、设计单位)明确责任及费用承担,并签订会审记录。

7. [利润点]桩长长度的成本精细化控制

业主方在控制目标成本的时候,有时对桩基长度的控制非常严格,如常见的当桩长超过一定百分比或长度(如超出20%或3m)的时候,需要由现场出具超出情况说明,进一步落实超出原因,以此控制桩长,避免施工单位为了增利,肆意增加桩长。

8. [审计点]钢管灌注桩,是按照内径还是按照外径计算工程量

钢管灌注桩因为存在钢管壁厚,所以在定义桩径的时候会有所差异。要明确的是,灌注桩的体积按照设计桩长乘以钢管管箍的外径截面积计算,不扣除桩尖的虚体积。

所以在计算时不要忽略钢管的厚度。

9. [争议点]桩间土的单独套项及与土方之间的扣减关系

在桩基工程中,要进行桩间土计算,并且需要单独列项,桩间土的综合单价要高于一般土方,需要重点关注的是以下三点。

(1)挖土高度:一般情况下挖土高度为超灌高度+桩顶伸入承台高度+桩头防水厚度,后两项为经常漏算项目。

(2)桩间土与土方开挖之间的扣减关系:在计算完毕桩间土之后,土方总体开挖量要扣除桩间土开挖量,不要重复计算。

（3）桩间土总量是否要扣除桩身体积：一般情况下要进行扣减，根据地区定额规定不同有所不同，具体还需分析本地定额，产生扣减的时候不要漏扣。

6.5 案例分析：夫妻井的故事

首先说一下什么是夫妻井。在进行挖孔桩施工时，通常由两人搭班完成，井上井下需要配合，也存在危险系数，需要绝对的信任，夫妻间显然更为放心，这就是"夫妻井"叫法的由来。

案例：某工程局为了加快工程进度，在土方未达到设计标高的情况下就要求桩基单位开始挖孔，此时在原始地面标高到设计地面标高即产生了空孔，施工单位据此制作了签证单，此时费用是否可以主张？除了挖孔、护壁混凝土、钢筋之外，还有什么费用可以计取？

案例分析：首先需要明确的是，此费用在签证签字齐全的情况下，是可以主张的，因为业主为了推进工程进度，致使施工单位增加了额外的工程量，除了挖孔、护壁混凝土、钢筋之外，还要增加空孔破除及外运费用，此项费用占比较大，因为是空心空孔，运输较困难，建议明确运输台班及次数。

第 7 章 降水工程成本分析及 6 个审计要点

7.1 常见的降水、止水措施及成本分析

7.1.1 明沟排水及成本分析

(1)明沟排水:明沟排水是指在排水区内用明沟排除多余的地面水、地下水和土壤水。需要注意雨水篦子、坑内坡度、引用图集等相关做法。此类明沟排水,一般会引用标准图集,如图7-1所示。

(2)成本分析。工作内容及条件:16小时工作制,1天完成45延米。全费用:195元/m。

图7-1 明沟排水

7.1.2 井点降水——轻型井点及成本分析

(1)轻型井点:地下水从井管下端的滤水管凭借真空泵和水泵的抽吸作用流入管内,汇入集水总管,流入集水箱,由水泵排出。冲设成本低,运行费用高。

（2）成本分析：一套20天以内按3500元左右算（不含电费，7.5kW真空泵每天180度电），超过天数每天200元每套。这是现场施工的价格，如图7-2所示。

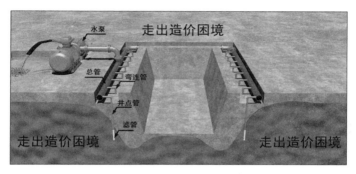

图7-2　轻型井点降水

7.1.3　井点降水——管井降水及成本分析

（1）管井降水：管井是单独作用的排水设备，在基坑周围布置一些单独工作的管井，地下水在重力作用下流入井中，用抽水设备将水抽走。成井费用高，运行费用低，降水能力强。工作内容及条件如图7-3所示。

（2）成本分析：20 m管井井点7000元/座。

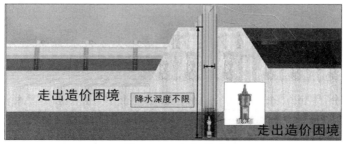

图7-3　井点降水

7.1.4 地下连续墙及成本分析

（1）地下连续墙：开挖出一条狭长的深槽，清槽后，在槽内吊放钢筋笼，然后用导管法灌筑水下混凝土筑成一个单元槽段，如此逐段进行，在地下筑成一道连续的钢筋混凝土墙壁，作为截水、防渗、承重、挡水结构，如图 7-4 所示。

（2）成本分析：1400 元 /m³。

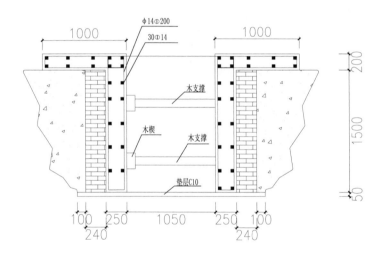

图 7-4　地下连续墙

7.1.5 灌注桩——水泥搅拌桩成本分析

（1）灌注桩——水泥搅拌桩：将水泥作为固化剂的主剂，利用搅拌桩机将水泥喷入土体并充分搅拌，使水泥与土发生一系列物理化学反应，使软土硬结而提高地基强度，如图 7-5 所示。

（2）成本分析。

1）限定条件

单轴水泥搅拌桩：深度 15 m 改良土壤直径 500~700 mm。

双轴水泥搅拌桩：深度 18 m 改良土壤直径 700 mm。

三轴水泥搅拌桩：深度 30 m 改良土壤直径 650~850 mm。

五轴水泥搅拌桩：深度 35 m 改良土壤直径 650~850 mm。

2）建议造价

单轴水泥搅拌桩：150~180 元 /m^3。

双轴水泥搅拌桩：180~220 元 /m^3。

三轴水泥搅拌桩：240~280 元 /m^3。

五轴水泥搅拌桩：260~300 元 /m^3。

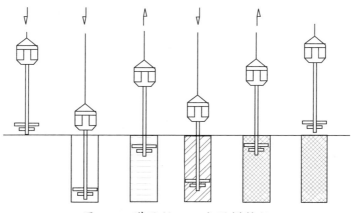

图7-5 灌注桩——水泥搅拌桩

7.1.6 灌注桩——高压喷射桩成本分析

（1）灌注桩——高压喷射桩：用旋转的喷嘴将水泥浆喷入土层与土体混合，形成连续搭接的水泥加固体。

（2）成本分析。

1）限定条件

高压喷射注浆（单管）：深度30 m 改良土壤直径300~800 mm。

高压喷射注浆（双管）：深度50 m 改良土壤直径600~1200 mm。

高压喷射注浆（三管）：深度50 m 改良土壤直径700~1600 mm。

2）建议造价。

高压喷射注浆（单管）：330~400元/m^3。

高压喷射注浆（双管）：370~430元/m^3。

高压喷射注浆（三管）：400~450元/m^3。

上述价格会因所在地区不同有所差异，建议参考本地区价格水平并结合以上建议价格区间使用。

7.2　降水工程中的6个审计要点

1. [利润点] 定额中排水和专项排水的区别，如何增利

首先明确的是，定额中包含了一部分排水费用，此费用为明水，或者少量的积水，而当遇到挖到地下暗河，或者泉眼等特殊情况时，需要进行专项排水。

如果预见大量排水或者需要处理流沙，此时需要及时办理签证，若在地勘报告中未预见，但现场实际又已经发生，此时可以按照实际降水措施进行签证增利。

2. [利润点]基础施工停工或者延期时的降水签证

当基础发生停工，或者因为业主原因导致延期，此时施工现场需要继续降水，此处降水措施不包括在原投标范围内，需要及时办理签证，同时注意在编制签证的时候,要明确抽水形式、抽水机型号、功率、抽水起止时间等，抽水机因型号的不同价格会有所差异，所以在签证中要加以明确。

3. [审计点]封井做法

（1）有节点图：施工现场实际封井的节点要与结构设计总说明一致，能满足封井要求，则按节点图进行施工。

（2）封井的做法说明：只给出封井的做法说明，则需要按照图纸给出大样图，如果没有，则需要及时提出图纸会审。

4. [审计点]现场实际施工台班及布置情况签证

使用轻型井点降水，要明确以下几个内容，避免结算时因使用不明确产生纠纷，如现场共需要安装多少电机、布置周长多长、单排井点水平间距多远、成孔直径多大要明确，同时，使用的起止时间、开通几个电机、停几个电机、共计多少个电机，都要在签证单内予以明确，避免因参数不齐全引起争议。

5. [审计点]护栏的归属

为了保证安全，防止人员跌落，需要在降水周边设置防护栏杆，降水周边的护栏属于安全文明施工费的一部分，在总包范围内，发生时不再另行计算。

在第 27 章会对安全文明施工费的内容进行详细描述，避免与工程实际项目产生重复计算情况。

6. [审计点]排水时间问题

（1）要明确排水起止时间，因为排水属于周期性且不能自行明确需要排水天数，所以需要在签订单或者发布的指令单中明确排水的起止时间，避免因为没有明确的时间区间，引起争议。

（2）签证的机械台班对应的实际抽水时间，一般情况下是24小时连续抽水，但实际现场签的台班按照每台班8小时考虑，需要双方明确时间的计算标准。

7.3 案例分析：抽不净的水，赚不到的钱

案例1：合同中规定总价措施包干使用，现场基坑降水是否还能计算降水费用？

案例分析：需要分以下两种情况。

（1）现场招标文件未明确采用降水措施，且在已有的地勘报告中，地下水位在基础底以下，不需要采用降水，但在实际施工中，出现了地下水，则需要按实计算，以签证落实。

（2）如果原招标文件有此项内容，或者地勘报告，明确地下水位情况并需要降水，施工单位未上报此项费用，不得另行增加，按总价措施包死考虑。

审计点：出现此类问题时，充分分析合同、招标文件及地勘报告，追根溯源分析与判定问题的产生是因为哪方责任，即可解决此类争议问题。

案例2：某工程在基础施工时，出现了大量的地下水，经甲乙双方协商，准备就地下水进行排除，并签订签证，此签证

在说明原因的前提下，对排水措施进行了详细的阐述，如污水泵台班60个台班，水泵抽水所配人工60个工日，在结算中审计单位以水泵台班包含了人工配合费用，将人工工日进行扣除，施工单位还能否主张此项费用？

案例分析：一般情况下，台班费用包含了台班本身及台班人工费。以此类推，抽水泵台班单价中，包含了抽水所需要的操作人员，所以对于人工工日中关于抽水操作人员所占台班要进行扣除；如果人工为了协助降水，采取的配合性措施，如基底清淤等，实际不含在机械台班中的实际人工支出，此部分费用可以进行主张。

综上所述，人工费的主张由两部分构成：第一，机械台班内人工费，已经含在台班单价中不能计取；第二，未完成辅助性工作的差异性人工费按实计取。

同时在制定签证时要进行事前控制，签证是否合理，是否有重复签证情况，此项都需要进行考虑。

第 8 章 混凝土成本分析及二个审计要点

8.1 混凝土单方含量及成本分析

8.1.1 混凝土清包工价格

混凝土清包工价格区间在 25～32 元 /m³，因所在地区不同价格会存在差异，具体还需根据所在地区的不同，差异性借鉴。

8.1.2 混凝土单方含量及报价方式

1. 混凝土的单方含量

混凝土单方含量如表 8-1 所示。

表 8-1 混凝土单方含量

序号	工程种类	层数	结构	用量	单位
1	普通住宅	7 层以下	砖混构造柱	0.26	m³/m²
2	普通住宅	7 层以下	砖混框架	0.31	m³/m²
3	普通住宅	7 层以下	框架	0.34	m³/m²
4	普通住宅	7 层以下	框剪	0.38	m³/m²
5	公寓	7 层以下	框剪	0.41	m³/m²
6	小区会所	1～3 层	框架	0.35	m³/m²
7	车库	1 层	框架	0.42	m³/m²

续表

序号	工程种类	层数	结构	用量	单位
8	网点	1~3层	框架	0.34	m^3/m^2
9	门诊楼	13层以下	框剪	0.38	m^3/m^2
10	住院处	18层以下	框剪	0.4	m^3/m^2
11	办公楼	7层以下	框架	0.36	m^3/m^2
12	办公楼	7层以上	框剪	0.38	m^3/m^2
13	标准化厂房	1~3层	框架	0.37	m^3/m^2
14	商厦	7层以上	框剪	0.42	m^3/m^2
15	高层住宅	18层以上	框剪	0.38	m^3/m^2
16	高层公寓	18层以上	框剪	0.4	m^3/m^2

注：上述含量会因图纸设计不同有所差异，建议参考项目图纸设计情况并结合以上建议含量区间使用。

2. 混凝土报价方式

施工单位：根据与搅拌站签订的供应合同并根据企业利润及报价策略进行自主报价。

咨询单位：在编制招标控制价时有信息价的优先执行当地信息价，没有信息价的进行市场询价，按照当地市场价格计入。

某地区某时间点的混凝土信息价如表8-2所示。

表 8-2　某地区某时间点的混凝土信息价

序号	名称	规格型号	单位	除税价（元）	含税价（元）
1	普通混凝土	C10	m³	436.90	450
2	普通混凝土	C15	m³	446.60	460
3	普通混凝土	C20	m³	466	480
4	普通混凝土	C25	m³	475.70	490
5	普通混凝土	C30	m³	495.20	510
6	普通混凝土	C35	m³	514.60	530
7	普通混凝土	C40	m³	534	550
8	普通混凝土	C45	m³	553.40	570
9	普通混凝土	C50	m³	563.10	580
10	普通混凝土	C55	m³	592.20	610
11	普通混凝土	C60	m³	621.40	640
12	抗渗混凝土	C25	m³	495.20	510
13	抗渗混凝土	C30	m³	514.60	530
14	抗渗混凝土	C35	m³	524.30	540
15	抗渗混凝土	C40	m³	543.70	560
16	抗渗混凝土	C45	m³	563.10	580

8.1.3 混凝土的成本损耗分析

首先我们从实际情况来分析混凝土的真正损耗量，一般情况下混凝土损耗是 2%～3%，但大家没有注意到的一点就是，混凝土里面是含了钢筋量的，且钢筋体积是不做扣减的，钢筋的密度为 7.85 t/m³。举例说明：首层建筑面积为 1000 m²，钢筋含量拟定为 45 kg/m²，就有 45 t 钢筋，折算成混凝土体积就有 5.73 m³ 混凝土，所占比例还是非常大的。

所以综合上述，混凝土实际损耗—钢筋增加＝混凝土损耗率，为 1% 左右。

8.2 混凝土结算方式分析

8.2.1 施工单位混凝土的几种结算方式

1. [审计点] 按实结算（小票结算或者车结）

施工单位直接按照混凝土小票或者车对混凝土搅拌站进行结算。

注意：施工单位一定要随时抽查混凝土罐车的混凝土量是否足够，并制定亏方处罚措施，避免出现亏方现象，这种结算方式简单、易行，是首选的结算方式。

2. [审计点] 按图结算（图结）

依据工程施工实际施工图纸，直接按照图纸进行结算的一种方式。

施工单位应重点关注混凝土按图结算工程量和实际小票工程量的差异，避免因为混凝土超厚、超宽等情况，导致混凝土工程量失去控制。

8.2.2 按图结算中的各类注意事项

1. [审计点] 哪些混凝土构件不适合按图结算

（1）造型复杂工程：如造型别致的别墅工程，浇筑面小，或者浇筑口形状复杂，浇筑过程中容易撒料，导致混凝土损失较严重的工程。

（2）混凝土其他造型，也因为造型复杂，导致混凝土在浇筑过程中产生大量撒料，造成大量额外损失。

2. [审计点] 按图结算需要准备哪些资料

（1）竣工图的结构施工图。

（2）竣工图的建筑施工图（含构造柱、圈梁、过梁、雨篷、地沟、排水坡、飘窗、垫层、地面、屋面保护层、找平层及阳台、造型等施工图）。

（3）施工过程中的变更、洽商、签证单或图样。

3. [审计点] 混凝土损耗率大概是多少

按照国家标准为 2%~3%，主要是由于跑冒滴漏，黏结在罐车罐体内部的混凝土，泵车泵送结束时泵斗、泵管中有一部分剩余混凝土要排出，这部分约为总量的 1%。

按图结算工程应有 2% 左右损耗，但如前文所述，扣除钢筋影响因素，实际损耗率为 1% 左右。

8.2.3 混凝土结算亏方原因剖析

[利润点] 产生亏方的原因

（1）垫层所处的地基松散不平，模板安装不规范，造成超出现理论方量过多。

（2）由于图纸变更导致混凝土工程量的差异。

（3）不规则的结构或设计复杂的部位，存在方量计算不准。

（4）施工过程中造成漏浆、涨模、跑模等现象（多结合现场实际情况及照片）。

（5）将混凝土浇筑到其他部位预制构件、临时路面、塔吊基础等。

（6）泵管中存留的混凝土无法用到浇注部位上，浇注工程面积越大、楼层越高、泵管越长，供方亏损越大。

8.3　混凝土中的11个审计要点

1. [审计点] 混凝土体积一般按照 m^3 计算，有哪些构件是按照 m^2 计算的

大部分混凝土构件都以 m^3 计算，以下构件可以按照 m^2 进行计算，如楼梯、坡道、散水、台阶、扶手等。看准清单计量单位，不要因为单位问题，造成工程量的差异。同时楼梯在计算时直接以水平投影面积计算。

工作模式提示：建议大家不要花太多时间在建模上，软件是给我们提供一个算量的工具，是我们人去使用软件，而不是软件的功能制约人的思路，就如楼梯一样，在建模中需要输入的数据较多，且多层构造复杂，但它是可以按照水平投影面积计算的，直接圈一个水平投影面积，放到表格中，结合软件+表格，实现最快的工作效率，这才是正确的工作模式。

表 8-3 所示为"13 清单"中关于楼梯的计算规则说明。

表 8-3　楼梯的计算规则说明

项目编码	项目名称	项目特征	计量单位	工程量计算规则	工作内容
010506001	直形楼梯	1. 混凝土类别 2. 混凝土强度等级	1. m² 2. m³	1. 以平方米计量，按设计图示尺寸以水平投影面积计算。不扣除宽度≤500 mm 的楼梯井，伸入墙内部分不计算 2. 以立方米计量，按设计图示尺寸以体积计算	1. 模板及支架（撑）制作、安装、拆除、堆放、运输及清理模内杂物、刷隔离剂等 2. 混凝土制作、运输、浇筑、振捣、养护
010506002	弧形楼梯				

注：整体楼梯（包括直形楼梯、弧形楼梯）水平投影面积包括休息平台、平台梁、斜梁和楼梯的连接梁。当整体楼梯与现浇楼板无梯梁连接时，以楼梯的最后一个踏步边缘加 300 mm 为界。

2. [审计点] 什么部位会设置混凝土反坎

为了防止卫生间等有水房间的水流向室内，楼板会进行降板，同时会在砌体墙下部设置素混凝土反坎，一般高度为 300 mm，在绘制时一般按照圈梁绘制，一般不设置配筋，避免重复计算，反坎计算时扣除所占砌体墙的体积。

其他提醒，窗底部为了方便砌筑，会设置 80~100 mm 素混凝土条带，发生时不要漏项。

3. [审计点] 什么情况下用混凝土外加剂，费用怎么计取？

当混凝土需要改善混凝土和易性、凝结时间、硬化性能、耐久性等时会添加各类外加剂。

（1）混凝土搅拌站直接按照单方计算。一般按照每立方米混凝土原始价格加混凝土外加剂价格（一般是 15 元 /m³ 左右）计取，混凝土外加价根据实际进行认质认价即可。

（2）若是采用自拌混凝土（一般来说主体工程上是不允许采用自拌混凝土的），添加外加剂时，按照"外加剂 = 混凝土中水泥含量 × 外加剂比例"的算法来算，计算添加总价即可。

4.[审计点] 混凝土是否需要扣除里面型钢所占体积

现浇混凝土按设计图示尺寸以体积计算，不扣除构件内钢筋、预埋铁件所占体积；型钢混凝土扣除构件内型钢所占体积。"13 清单"中关于型钢混凝土的扣减关系如表 8-4 所示。

表 8-4 型钢混凝土的扣减关系

项目编码	项目名称	项目特征	工作内容
010503002	混凝土结构	1. 混凝土类别 2. 混凝土强度等级	1. 现浇混凝土不扣除构件内钢筋、预埋铁件所占体积，伸入墙内的梁头、梁垫并入梁体积内 2. 型钢混凝土梁扣除构件内型钢所占体积
010503003			

5.[审计点] 塔吊基础属于什么类型费用，如何计算

塔吊基础属于不构成工程实体的项目，按照措施费列项，在报价中不要漏算，费用包括混凝土、钢筋、模板、塔吊基础拆除及外运费用。如果前期没有明确图纸，在施工时，可以以签证形式落实。部分塔吊基础根据所在项目不同，会设置不同的围护结构，此费用包括在措施费中，一并计算。塔吊基础如图 8-1 所示。

图 8-1 塔吊基础

6.[审计点] 容易漏算的混凝土小型构件

混凝土中有些小型构件在绘制时不要漏算,如混凝土挑檐、基础梁的梁加腋,设备基础(分析不同图纸,在安装图和建筑图分析,结构图经常不体现)、楼梯最下面的混凝土基础台阶等,圈梁、过梁不同标高时,容易漏算。

在计算混凝土小型构件时,建议按楼层以 Excel 的方式计算,如在软件中绘制,费时费力,而且还容易漏算。

7.[审计点] 容易漏算的抗渗混凝土

(1)在地下室外墙和外墙柱同位置时,在软件提量中,经常会漏掉混凝土柱子的抗渗混凝土,只计算外墙为抗渗混凝土。

(2)成组团小区,各个单体的外墙,施工单位经常将所有地下室外墙按照抗渗混凝土计算,实际应该充分分析混凝土的迎土面,按照与外侧土体接触的部位,计算抗渗混凝土,重点需要注意转角处的迎土情况。

（3）主楼地下室外墙及基础与车库基础不在同一平面，同时主楼基础低于车库基础时，外墙在车库底板下方迎土面要计算抗渗混凝土，如图 8-2 所示。

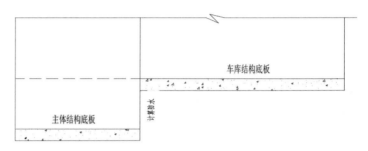

图8-2　主体结构底板和车库结构底板不同标高时的防水部位

8. [利润点] 提高混凝土造价的几个手段

（1）地面是否有饰面层：地面做法是否有随打随压光做法，（即为了方便快速施工，地面压光后表面不再做任何装饰），如为随打随压光地面必须注明，并适当提高综合单价。

（2）寒冷地区的室外抗冻混凝土：如北方地区室外蓄水池、水工工程，使用阶段会有抗冻要求，结合图纸说明，按抗冻混凝土配制及增加外加剂，并提高综合单价。

（3）清水混凝土（未来混凝土表面不再装饰，要求表面光洁、色泽一致的混凝土）、自密实混凝土等特种混凝土：由于这种混凝土胶结料用量较大，对材料要求较高，组价时其单价也需适当提高。

9. [争议点] 混凝土泵送费什么时候计取，属于分部分项费还是措施费

一般情况下混凝土价格中不包括泵送费用，应根据实际情

况单独列项计算,该费用属于措施性费用,不要漏算。

特殊情况下的混凝土泵送如"楼地面细石混凝土找平层或垫层、细石混凝土面层、满堂基础的细石混凝土防水保护层等"是否需要计算泵送费?

(1)审计单位话术。

1)按照定额子目归属要求,泵送费定额子目在建筑工程定额内,并不存在于装饰工程,所以此部分不能计算泵送费。

2)现场并没有采用泵送机械,同时施工单位选择使用泵送混凝土,也是保证施工、加快施工进度的一种措施性方式,应该综合考虑在措施费用中,应按实际计取,发生时不再另行计算。

(2)施工单位话术。

1)定额是可以互相借用的,并不是说泵送费在土建工程子目中,装饰工程就无法借用,所以应该据实计算,并合理借用土建工程定额子目。

2)使用泵送商品混凝土,是业主同意的做法,不是擅自增加造价,故应计算。

(3)嘉诚老师来支招。

1)首先,作为造价人员要多去施工现场,而且要精通图纸,了解施工工艺,通晓工序。

2)其次,了解市场行情及单位自身的习惯做法以及当地市场的常规做法(市场行情)。

3)合约先行原则:在签订合同时,可以提前做好约定,同时在编制工程量清单时,完善清单描述,将泵送费约定在前,避免结算中产生争议。

4)施工过程中,配合施工、技术部门,注意过程跟踪,整理与收集好相关资料。

10. [审计点] 在浇筑混凝土时，有些部位泵车无法泵送，需要塔吊调运混凝土，进行浇筑，此处费用是否可以办理签证

首先需要明确责任：需要浇筑的混凝土，是施工因为之前就正常泵送，还是因为变更导致无法泵送。

（1）如果是没有发生变更，投标人在投标时应综合考虑此处措施性方案，并予以合理报价，此处则不应办理签证。

（2）如果是后期发生变更，或者非承包商原因导致泵车无法到位，需要采用塔吊协助吊运混凝土，此处可以按实际办理签证。

11. [审计点] 钢筋混凝土扶手和压顶如何区分

以界面面积进行划分，截面面积≤120 mm×100 mm的构件，按照混凝土扶手进行计算；截面面积＞120 mm×100 mm的构件，按照压顶进行计算，分别套用对应的定额子目。

第 9 章 模板成本分析及 6 个审计要点

9.1 模板单方含量及成本分析

9.1.1 模板单方含量分析

模板单方含量如表 9-1 所示。

表 9-1　模板单方含量

序号	工程种类	层数	结构	用量	单位
1	普通住宅	7 层以下	砖混构造柱	2.13	m^2/m^2
2	普通住宅	7 层以下	砖混框架	2.54	m^2/m^2
3	普通住宅	7 层以下	框架	2.79	m^2/m^2
4	普通住宅	7 层以下	框剪	3.11	m^2/m^2
5	公寓	7 层以下	框剪	3.36	m^2/m^2
6	小区会所	1~3 层	框架	2.87	m^2/m^2
7	车库	1 层	框架	3.44	m^2/m^2
8	网点	1~3 层	框架	2.79	m^2/m^2
9	门诊楼	13 层以下	框剪	3.11	m^2/m^2
10	住院处	18 层以下	框剪	3.28	m^2/m^2
11	办公楼	7 层以下	框架	2.95	m^2/m^2
12	办公楼	7 层以上	框剪	3.11	m^2/m^2
13	标准化厂房	1~3 层	框架	3.03	m^2/m^2

续表

序号	工程种类	层数	结构	用量	单位
14	商厦	7层以上	框剪	3.44	m^2/m^2
15	高层住宅	18层以上	框剪	3.11	m^2/m^2
16	高层公寓	18层以上	框剪	3.28	m^2/m^2

注：上述含量会因图纸设计不同有所差异，建议参考项目图纸设计情况并结合以上建议含量区间使用。

9.1.2 木模板成本分析

木模板清包工价格分别如下。

（1）框架结构，按结构复杂程度及层高：

层高3.6~4.0米：48~50元/m^2，每增加0.5m，加3.0元/m^2。

层高5.0~5.5米及以上的≈55~60元/m^2。

（2）住宅楼，按结构复杂程度及层数：

30~32层≈38~39元/m^2。

24~26层≈41~43元/m^2。

小高层≈45~48元/m^2。

多层≈50~52元/m^2。

9.1.3 模板成本分析

前置条件，模板单方含量为3.0 m^2/m^2，周转次数为5次，模板采购价格为36元/m^2（按张折算后），木枋单价假设为6元/m（按根折算后），建筑面积按1000×30层=30000 m^2考虑。

1. 模板摊销价测算

36（模板采购单价）÷5（周转次数）×1.1（损耗与补充模板消耗）=7.92 元 /m²。

2. 木枋摊销价测算

木枋每平方米后面的背楞木枋为 6.5 m（木枋按照模板 40% 损耗率计算）。

木枋摊销价 =6.5（每平方米模板背楞量）×6（木枋单价）÷5（周转次数）×40%（损耗率）=3.12 元 /m²。

3. 模板人工 + 辅料

清包工价格按照 45 元 /m² 计算，包括铁锭、铁丝等辅料。

4. 钢支柱，扣件

每平方米 15 m 钢管，每米钢管用扣件 1 个，损耗率按照 5%，租赁费用为 0.01 元 /（天·m²），工期 6 个月，可以一直用。

钢管：1000×15×3×0.01×6×30×1.05/30000= 2.84 元 /m²

扣件：1000×15×3×0.005×6×30×1.05/30000= 1.42 元 /m²

5. 模板成本综合单价

成本综合单价 =7.92+3.12+45+2.84+1.42 ＝ 60.3 元 /m²。脚手架结构如图 9-1 所示。

工作方式提示：在进行构件成本测算时，首先要对构件进行单位统一，要充分分析每一种构件单位工程量及单方造价，并结合所在地区实际情况，及企业实际分包价格进行精准计算。

图9-1 脚手架结构

9.1.4 铝模和木模成本分析对比

一次性投入对比如表9-2所示。

表9-2 各类模板一次购买/租赁一览表

材料周转次数	木模板（元/m^2）	大钢模板（元/m^2）	铝合金模板(购买)（元/m^2）	铝合金模板(租赁)（元/m^2）
30次	128.2	148.35	190.96	159.96
60次	128.2	148.35	149.23	159.96
90次	128.2	148.35	135.48	159.96
120次	128.2	148.35	128.65	159.96
300次	128.2	148.35	115.21	159.96

注：上述价格会因所在地区不同有所差异，建议参考本地区价格水平并结合以上建议价格区间使用。

综上分析：如果购买铝模板，单一项目（结构形式不变）周转使用≥60次左右时，在成本方面较木模板经济实惠（包括铝合金模板不用后，当废料处理）。

9.2 模板中的6个审计要点

1. [知识盲区] 如何区分木模板、清水模板和组合钢模板

（1）复合模板：适用于各类构件。面板通常使用涂塑多层板、竹胶板等材料现场制作的模板及支架体系，面板按摊销考虑。

（2）组合钢模板：适用于直形构件。面板通常使用60系列、15~30系列、10系列的组合钢模板，面板按租赁考虑。

（3）木模板：适用于小型、异型（弧形）构件。面板通常使用木板材和木枋现场加工拼装组成，面板按摊销考虑。

（4）清水装饰混凝土模板：适用于设计要求为清水装饰混凝土结构的构件。面板材质可为钢、复合木模板等，面板按摊销考虑。清水模板主要是为了节省一道抹灰程序，而采用50 mm厚的竹纤板下面用木坊支撑在钢管上。板与板之间的缝隙采用胶带张贴，施工后的混凝土表面质量好，光滑，拆除后混凝土整体上平整。

2. [审计点] 模板是否需要增加侧面面积

一般情况下，板的四周会有梁、墙、柱等构件，这些构件在计算时已经进行侧面面积计算了，所以在没有特殊情况下，模板是不计算侧面模板的，但部分地区在悬挑板等没有围护构件的时候，需要进行计算。

3.［审计点］电梯井模板是指电梯井内侧模板还是内外两侧模板都要计算

不同地区依据不同，如河北省规定电梯井内壁模板套电梯井壁模板，电梯井壁外侧套直形墙模板。下面参照河北省定额解释。

《2012年河北省建筑工程计价依据解释》（冀建价建〔2014〕58号）

附件1：2012年《全国统一建筑工程基础定额河北省消耗量定额》解释——A.12 模板工程第1条，具体如下：

1. 电梯井壁模板，是指电梯井壁内外两侧的模板，还是指电梯井内侧的模板，电梯井壁外侧的模板如何计取？

答：电梯井内壁按电梯井壁计取，外壁按直形墙计取。

4.［审计点］非工程原因导致的混凝土模板造成一次摊销情况

有些时候，业主为了赶工或一些特殊的工艺需求使模板只能使用一次就埋在土里、或造成破坏，无法再进行周转，这时施工单位需要做好详细的依据资料，并及时找甲方签字确认，避免造成额外的损失。

5.［审计点］地下室外墙模板止水螺栓增加费什么时候计取

地下室外墙大部分设计都是抗渗混凝土，抗渗混凝土墙的模板都要用止水螺栓。在计算时不要忘记计取，在计取完止水螺栓增加费用时，同时要增加计取止水螺栓堵洞，其中止水螺栓堵洞成本价格大概为1元/个。

6. [审计点] 混凝土墙板中有预留洞，留洞的模板工程量是否计算

（1）孔洞面积小于 0.3 m² 的孔洞，混凝土不予扣除，孔洞侧壁模板工程量不予增加。

（2）孔洞面积大于 0.3 m² 的孔洞，混凝土予以扣除，孔洞侧面模板并入墙或者板的工程量中进行计算。

（3）审计点：在出现大于 0.3 m² 的孔洞时，不要只扣减混凝土工程量，还需要增加侧壁模板工程量。结构孔洞如图 9-2 所示。

图9-2　结构孔洞

第10章 模板的超高设置

10.1 混凝土模板设置超高的原因

当模板支设超出一定高度时（一般规定是 3.6 m），会造成人材机的降效，同时为了增加模板的稳定性和可靠性，在顶部增加模板斜撑或者顶托，但零星的部分工程量没有办法量化，所以出现了超高增加费，以此来量化这部分工程量。进而需要增加 3.6 m 以上模板超高增加费。柱、梁、墙、板的支模高度（室外设计地坪至板底或板面至板底之间的高度）是按 3.6 m 编制的。超过 3.6 m 的部分，执行相应的模板支撑高度，3.6 m 以上每增加 1 m 的定额子目，不足 1 m 时按 1 m 计算。

10.2 软件处理思路

软件的模板中常涉及模板超高的有墙、梁、板、柱等混凝土构件，如图 10-1 所示。软件处理思路主要从判断支设模板是否超高、超高起始计算高度设定、超高底面计算方法和取楼地面原则这三方面着手分析。

图 10-1　软件中的模板超高设置

10.2.1 判断支设模板是否超高

判断超高的方法：模板顶面—模板底面与超高起始计算高度（3.6 m）进行比较，如果大于 3.6 m，则计算模板超高降效。

10.2.2 超高起始计算高度设定

超高起始计算高度是指，模板从这个高度以上的部分计算超高。可以根据地区定额特性输入具体的高度，或选择"从底开始全部计算超高"，如图 10-2 所示。

图10-2 超高起始计算高度

10.2.3 超高底面计算方法和取楼地面原则

（1）底面的计算涉及两种情况，第一有地下室，第二无地下室。根据实际情况选择即可。一般规定：有地下室按照楼地面，无地下室按照室外地坪或楼地面执行。

（2）取楼地面原则一般为：规定取当前楼层的层底标高，如图 10-3 所示。

图10-3 超高底面计算方法和取楼地面原则

10.2.4 超高分段计算方法

不同地区定额规定的超高调整方式不同。软件给出了以下几种方式。

1. 选项 0（不分段，计算总量）

超高模板量为计算超高 3.6 m 以上全部模板超高量。

2. 选项 1（不分段，计算总量 × 超高系数）

超高系数 = 超高顶面 − 超高起始计算高度，如高度为 6 m，那么超高系数为（6−3.6）m。

超高模板量为超高总量 × 超高系数。

3. 选项 2（不分段，计算总量 × 超高数量）

超高分段高度：超过 3.6 m 时，每超过 1 m（不足 1 m 者按 1 m 计）计算一段。

超高数量：如 6−3.6 =2.4 m，不足 1 m 按照 1 m 计算，所以超高数量为 3。

超高模板量为超高模板总量 × 超高数量。

4. 选项 3（分段，计算分段量 × 各段相应超高数量的总和）

超高模板量即为各段超高高度 × 段数。

根据各地区定额规则选择合适的计算方式进行计算。

10.3 圈梁、过梁、构造柱是否计算超高模板

超高模板真的超高的原因是增加了顶杆的费用，只是用面积来代替而已。而构造柱、圈梁不会用顶杆，所以不用超高模板。图 10-4 所示为脚手架顶杆。

图10-4 脚手架顶杆

第11章 砌体结构成本分析及14个审计要点

11.1 砌体结构单方含量及成本分析

11.1.1 砌体结构单方含量

砌体结构单方含量如表 11-1 所示。

表 11-1 砌体结构单方含量

序号	工程种类	层数	结构	用量	单位
1	普通住宅	7层以下	砖混构造柱	0.14	m^3/m^2
2	普通住宅	7层以下	砖混框架	0.17	m^3/m^2
3	普通住宅	7层以下	框架	0.19	m^3/m^2
4	普通住宅	7层以下	框剪	0.21	m^3/m^2
5	公寓	7层以下	框剪	0.23	m^3/m^2
6	小区会所	1~3层	框架	0.19	m^3/m^2
7	车库	1层	框架	0.23	m^3/m^2
8	网点	1~3层	框架	0.19	m^3/m^2
9	门诊楼	13层以下	框剪	0.21	m^3/m^2
10	住院处	18层以下	框剪	0.22	m^3/m^2
11	办公楼	7层以下	框架	0.2	m^3/m^2
12	办公楼	7层以上	框剪	0.21	m^3/m^2
13	标准化厂房	1~3层	框架	0.2	m^3/m^2

续表

序号	工程种类	层数	结构	用量	单位
14	商厦	7层以上	框剪	0.23	m^3/m^2
15	高层住宅	18层以上	框剪	0.21	m^3/m^2
16	高层公寓	18层以上	框剪	0.22	m^3/m^2

注：上述含量会因图纸设计不同有所差异，建议参考项目图纸设计情况并结合以上建议含量区间使用。

11.1.2 砌体结构成本分析

1. 砌体结构清包工参考价格

清包工价格区间为230~260元/m^3，因项目所在地不同有所差异，请结合项目实际情况借鉴使用。

2. 砌体结构材料价

（1）施工单位：根据项目所在地实际情况，结合投标技巧，企业清单进行自主报价。

（2）咨询单位：在编制招标控制价时有信息价的优先执行当地信息价，没有信息价的进行市场询价，按照当地市场价格计入。

3. 砌体结构单方造价

内墙建筑单位面积价格：60~68元/m^2。

砌体工程建筑单位面积价格：115~120元/m^2。

某地砌体材料价格如表11-2所示。

表 11-2　某地砌体材料价格

序号	名称	类别	规格/型号	单位	含税价（元）	不含税价（元）
1	蒸压加气混凝土砌块	材料	600×250×50	m³	687.00	608.00
2	蒸压加气混凝土砌块	材料	600×250×100	m³	630.00	557.50
3	蒸压加气混凝土砌块	材料	600×250×125	m³	527.00	466.40
4	蒸压加气混凝土砌块	材料	600×250×150	m³	527.00	466.40
5	蒸压加气混凝土砌块	材料	600×250×200	m³	527.00	466.40
6	蒸压加气混凝土砌块	材料	600×250×300	m³	527.00	466.40

注：上述价格会因所在地区不同有所差异，建议参考本地区价格水平并结合以上建议价格区间使用。

11.2　砌体结构中的14个审计要点

1. [知识盲区] 什么是二次结构，二次结构都包括什么

首先要明确什么是一次结构，一次结构即工程主体结构，属于工程内承重构件，如柱、墙、梁、板等，在一次结构施工完毕后，所进行的即是二次结构，二次结构多为非承重结构，或为围护结构，如圈梁、过梁、构造柱、砌体墙及止水反坎、压顶、散水、台阶等。

2. [知识盲区] 如何划分普通砌体墙和砌体墙基础

因为普通砌体墙和基础砌体墙综合单价不一致，所以对于

墙体,如何划分基础部分和非基础部分尤为重要。一般规定:

(1)基础与墙(柱)身使用同一种材料时,以设计室内地面为界(有地下室者,以地下室室内设计地面为界),以下为基础,以上为墙(柱)身。

(2)基础与墙身使用不同材料时,位于设计室内地面高度300mm以内时,以不同材料为分界线;位于高度300mm以外时,以设计室内地面为分界线。以上是墙身,以下是基础。

计算规则:基础与墙(柱)身使用同一种材料时,以设计室内地面为界(有地下室者,以地下室室内设计地面为界),以下为基础,以上为墙(柱)身。基础与墙身使用不同材料时,位于设计室内地面高度< ±300mm时,以不同材料为分界线,高度> ±300mm时,以设计室内地面为分界线,如图11-1所示。

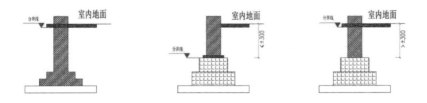

图11-1 "13清单"计算规则示意图

3.[审计点]砌体墙什么情况要挂钢丝网,有哪几种挂网方式,分别有什么作用,块料面层是否还需要挂网

一般有两种不同的挂网方式,分别是材质交界处挂300mm宽钢丝网片或玻纤网格布和砌体墙满挂钢丝网。

(1)一般在不同材质的交接处如砌体墙和混凝土梁,要布置 300 mm 宽的钢丝网片或者玻纤网格布，目的是防止不同材质交界处抹灰的时候出现开裂，即便是块料面层，打底层灰的时候还是要布置钢丝网片的。

（2）砌体墙满挂钢丝网是因为混凝土、砌块、砂浆不同的材料，它们的热涨冷缩幅度不同，加上外墙的混凝土、砌体的强度与抹灰的砂浆强度不一致产生的伸缩率不同会造成一定程度拉裂。为防止这种拉裂，我们把不同强度的材料用钢丝网连在一起，构成一整体，使伸缩率均匀。采用满挂钢丝网来预防，可以减少外墙面的拉裂。

（3）圈梁、过梁、构造柱也是需要计算钢丝网的，在计算挂网时，不要只计算横向挂网而忽略竖向挂网。

（4）成本分析。

钢丝网片综合单价：16~19 元 /m^2。

玻纤网格布综合单价：10~11 元 /m^2。

（5）注意，300 mm 宽的钢丝网片或者玻纤网格布的布置位置，不仅仅是水平向梁与墙体的交接处，还需要综合考虑混凝土柱及砌体墙之间的挂网。

工作方式提示：在计算此类工程量时，新手总是想当然地认为，不同种材料交接处，只存砌体墙与梁的交接位置，其实不然，如果砌体墙与混凝土柱子竖向交接，也会产生玻纤网格布。所以需要大家在计算时，多追根溯源地去分析现场为什么这么做，走进现场，才能做好造价。同时要有立体思维，即在建模前，将工程装在脑子里，应为一个三维模型，而非二维平面，这样工程量精准计算及互扣互减的逻辑关系才会正确。

4.[审计点]砌体墙下元宝基础是什么,什么情况下计算

(1)在没有地下室且没有基础联系梁的情况下,直接在室内地面上做隔墙时,需要做一个元宝基础。首先明确首层砌体墙位置,在砌体墙位置处挖一个元宝形条形基础,此基础无须配筋,并随着地面浇筑时一次性浇筑成型,即形成了一个无筋混凝土的条基即元宝基础,如图11-2所示。

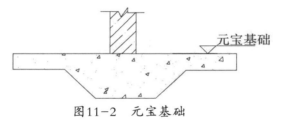

图11-2 元宝基础

(2)审计点:首层隔墙下为地下室的顶板时不能也不需要做元宝基础。

5.[审计点]什么是砖胎模,砖胎模的成本分析及审计点有哪些

(1)砖胎模的概念:所谓砖胎模,就是用砖制作成模板,用来替代无法施工的木模板。

(2)砖胎模的常用部位。

1)地下室筏板基础侧壁:此部位须在筏板和垫层之间做防水,为保证整体性,需要将防水铺贴到砖胎模里侧,并随着筏板混凝土浇筑完毕后,防水上反到侧壁墙上,保证了防水的连续性,避免出现防水薄弱层。如果用木模板,防水无法粘贴在木模板上,所以出现了代替木模板的砖砌基础——砖胎模。

2)在一些混凝土浇筑后,模板无法拆除或者拆除要浪费大量的人力和物力的时候,同时如果将模板与混凝土同时浇筑,

模板腐烂影响主体结构稳定,此时采用砌砖来代替模板。

(3)砖胎模中的成本分析及审计点:计算时包括砖胎模体积及侧面抹灰,但有些特殊要求的项目要求顶部抹灰,所以需要结合具体施工方案,精准计算相应工程量。一般情况下套用砖基础定额子目。

成本分析:砖基础 590~610 元 $/m^3$。

现场砖胎模实际做法如图 11-3 所示。

图 11-3　现场砖胎模实际做法

(4)砖胎模属于实体费用。简单来说,凡不构成工程实体的可以按照措施费进行计算,砖胎模在一定程度上构成了工程实体,在后续施工中,不会拆除,所以在计价时可以按照实体费用计费。

同时砖胎模虽然起到了模板的作用,但并非常规模板,而是与防水工程构成了工程项目的实体。

6.[审计点]砌体加筋和砌体通长筋你分清了吗,算多了吗

(1)砌体加筋是指砌体墙和混凝土一次结构之间的拉结,需要结合墙体的各类节点,如有直角形的、有 T 形的、有十字形的墙体,按图集上的墙体相交样式套用相应的图集图形,如图 11-4 所示。

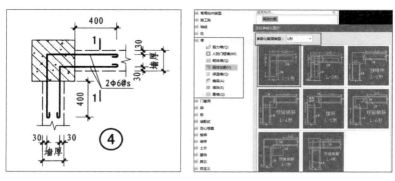

图11-4　砌体加筋套用相应的图集图形

（2）砌体通长筋是在砌体墙中通长设置的，也叫作配筋砌体墙。

（3）一般情况下只布置一个就可以。砌体通长筋，是砌体墙全长的砌体加筋，是砌体与构造柱、框架柱墙等之间的拉结，如果有砌体通长筋，那么砌体加筋的长度会短一些，但是还是会有。

所以砌体通长筋和砌体拉结筋一起设置不算重复，如图11-5所示。

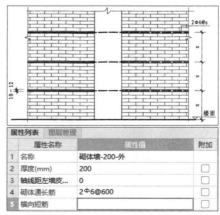

图11-5　砌体通长筋

7. [审计点] 砌体植筋的正确计算

为了加固建筑物或是续建,在原建筑上钻孔,插入钢筋,用特用胶水灌缝,使钢筋锚固在其中,钢筋和原建筑将成为一体。

可以利用砌体拉结筋进行绘制,软件中设置即生成砌体加筋。套取植筋定额子目即可。

(1)图纸或者合同规定要求采用预埋的,施工单位为了施工便利,自行决定使用植筋的不予计算。

(2)图纸或合同没有明确的,且在图纸会审施工方又没提出的,则不计算。

(3)图纸明确规定或者合同规定可以使用植筋的可以计算。植筋的软件计算方式如图 11-6 所示。

对于植筋的计算要重点注意:资料到位,及时跟踪。

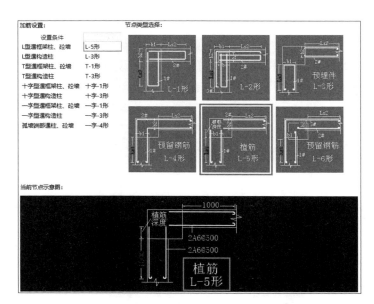

图11-6 植筋的软件计算方式

8.［审计点］区分零星砌体和普通砌体

因为零星砌体和普通砌体综合单价不一致，所以需要大家对于零星砌体单独定义。

"13 清单"删除了对于零星砌体的定义，之所以删掉关于零星砌体的定义，很大程度上是因为小型构件太多，清单没有办法全部涵盖。

零星砖砌体项目适用于台阶、台阶挡墙、梯带、锅台、炉灶、蹲台、池槽、池槽腿、花台、花池、楼梯栏板、阳台栏板、地垄墙、屋面隔热板下的砖墩、0.3 m² 以内的孔洞填塞。

大家在计算的时候，可以参考"08 清单"，即《建设工程工程量清单计价规范》（GB 50500—2008），并结合实际情况与甲方充分协商后对零星的小砌体进行定义。

9.［审计点］什么是壁龛，壁龛的工程量审计点有哪些

壁龛，即在墙上开一个不凿通的洞，如放置消防器材的壁龛，一般情况下小于 0.3 m² 的孔洞不予扣除，但装饰工程凹进去所增加的工程量合并到墙体工程量中计算。同时洞口大于 250 mm 时，还需要增加混凝土过梁。

10.［审计点］砌体墙与混凝土构件的扣减原则

在提取砌体墙工程量的时候，需要对软件进行设置，将混凝土圈梁、过梁、构造柱等扣减，避免因为重复提取，导致砌体墙工程量严重偏大。

有些异形混凝土构件，在软件绘制的时候经常会用软件表格输入方式或者直接在 Excel 中计算，这样软件是无法进行自动扣减的，需要将此部分工程量单独进行扣减。

工作理念提示：做造价要有一个整体性思维理念，对每一

个构件、板块非常熟悉，即将项目印在脑子中，多去现场多看图纸，是非常有帮助形成直观印象的，只有这样，才能避免出现多算重算、少算漏算等情况。

11.［争议点］设计图纸中，砌体墙标注厚度为 100 mm、120 mm、200 mm 等，但实际进场砌体多为 90 mm、115 mm、190 mm，此处工程量是否应按实扣减

在图纸上砌体墙标注厚度为 100 mm、120 mm、200 mm 等，但实际市场多为 90 mm、115 mm、190 mm 厚度的砌块，在计算砌体净量的时候，如果是以市场 90 mm、115 mm、190 mm 模数砌的，也需要按照图纸尺寸进行计算（除部分地区有明确规定之外）。参考河北省定额解释。

《2012 年河北省建筑工程计价依据解释》（冀建价建〔2014〕58 号）

附件 1：2012 年《全国统一建筑工程基础定额河北省消耗量定额》解释——A.3 砌筑工程第 1 条，具体如下：

1. 砌块墙图纸宽度与砌块尺寸不同时，计算工程量的墙宽应该按哪个尺寸计算？例如：图纸中墙宽 200 mm、实际砌块宽 190 mm，图纸中墙宽 100 mm、实际砌块宽 90 mm，应按哪个尺寸计算？

答：除标准砖砌体以外的砌块以图示尺寸为准。

12.［争议点］施工现场因业主原因就同一部位进行砌墙、拆墙、砌墙，此时材料费如何计算

拆墙或者重新砌墙，砌体会重复利用，审计人员在计算的时候，会将材料费全部扣除或重新利用，但拆墙会导致部分砖的破损，有一定损耗，所以想要对拆的墙体进行二次利用的时候，要综合考虑损耗率及砌体铲灰，此项费用不要漏算。

13. [审计点] 门窗与砌体墙之间的扣减关系

在绘制砌体墙时，要正确地定义好门窗、圈梁、过梁、构造柱，避免因为没有定义或者错误定义引起工程量相互扣减偏差。要注意的是门窗框的外围尺寸，要结合实际门窗尺寸定义，如图纸标注为 C0826，一般认定为 800 mm × 2600 mm，但实际外围尺寸可能为 850 mm × 2650 mm。要注意精准性。

14. [审计点] 砌体墙防潮层不要漏算

为了防止地下潮气及室外雨水等上反，会设置水平防潮层（室内地坪以下 60 mm，混凝土垫层中部，至少高于室外地面 150 mm）和墙身垂直防潮层（室内地坪出现高差或室内地坪低于室外地坪），发生时重点关注，根据上述的节点做法，不要漏算。

第12章 圈梁、过梁、构造柱

成本分析及8个审计要点

12.1 圈梁、过梁、构造柱成本分析

砌体的构造柱、过梁、拉筋劳务分包价格区间为 25~28 元/m^2，所包括内容为：

（1）钢筋制作、加工、绑扎。

（2）支模、拆模。

（3）浇筑混凝土。

上述价格会因所在地区不同有所差异，建议参考本地区价格水平并结合以上建议价格区间使用。

12.2 构造柱、圈梁、过梁各类审计要点

12.2.1 构造柱的2个审计要点

1. [争议点] 构造柱按照图纸要求设置，软件自动生成，布置位置存在不确定性，如何避免布置上的争议

在实际施工中，构造柱的实际布置，由于设计图纸只给出了固定构造柱布置方案，如参考《砌体填充墙结构构造》（12G614-1）或者直接给定填充墙长度超过 5 m，或超过层高 2 倍时，填充墙无约束的端部，电梯井四角、内外墙不同材质交界处、入户门和大于 2 m 的洞口边等。这就给出了现场不确定性。

实际操作时建议现场使用经项目确认的构造柱平面布置图，来进行深化布置，并且双方签字盖章落实，以达成项目组精细化设计，这样既能节约建造成本，又能避免结算争议。构造柱布置如图 12-1 所示。

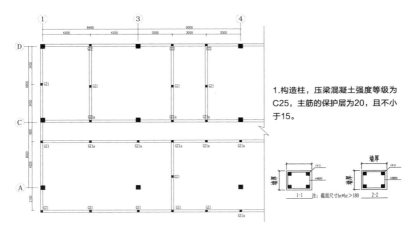

图 12-1 构造柱布置示意图

2. [官方依据] 门窗洞口是否设置构造柱，依据是什么

门窗洞口是否设置构造柱，首先要看图纸设计依据。在设计总说明里，会对构造柱的设置做明确的约定，但构造柱的设置并不是多宽的门窗洞口都需要设置，一般情况下在门洞口大于 2.1 m 的时候才会设置，设置规范在图纸未做详尽说明时可参见《砌体结构设计规范》（GB 5003—2011），具体设置如上所说，应结合强制性标准和实际现场布置图。

12.2.2 圈过梁的 2 个审计要点

1. [审计点] 过梁采用现浇过梁还是预制过梁

需要仔细阅读图纸是否有预制过梁，如果图纸标明存在，一定要区分预制过梁和现浇过梁，两种梁综合单价是不一致的。

一般情况下，根据施工方便与否选用，大于 2 m 的洞口过梁现浇，小于 2 m 的过梁预制。因为洞口过大预制过梁太重，在安装过程中不方便，会带来安全隐患。此为施工经验论，重点还需仔细分析图纸。

2. [争议点] 圈过梁的布置中的争议点

分析图纸，并明确过梁的布置位置，在土建门窗洞口布置完毕之后，还要对安装图纸进行分析，是否有预留洞口，此处审计时漏算较多。

同时对过梁布置进行成本分析，分析过梁和此处砌体墙单方价格，在布置过梁的时候，砌体墙的工程量会相应减少，分析如何做到利益最大化，在此处也是一个审计要点。

12.3　二次结构措施项中的4个审计要点

1. [审计点] 首先分析一下为什么存在超高模板

在模板支撑高度超多 3.6 m 的时候，为了增加模板的稳定性和可靠性，在顶部增加模板斜撑或者顶托。因为此项零星的部分没有办法量化，所以出现了超高增加费，以此来量化这部分工程量。

2. [审计点] 二次结构是否需要超高模板

很显然是不需要的，根据上面的原理我们知道，二次结构不需要顶部斜撑或者顶托，所以不需要额外增加超高模板的费用。

同时有些地区为了避免争议，直接规定不计算,含在定额中，具体还需分析本地定额。

3. [审计点] 砌体墙脚手架

首先需要分析清单所用定额是否为综合脚手架,同时分析本地区关于综合脚手架的综合情况,综合脚手架是否包含砌体脚手架。砌体使用的脚手架需要结合专项和施工方案或者施工组织设计,明确到底使用哪种脚手架,一般套用双排脚手架,但不排除现场使用移动脚手架或者其他脚手架,具体结合实际施工组织设计执行。

4. [审计点] 圈梁、过梁在入计价的时候,工程量如何划分

(1)计入过梁工程量:圈梁通过门窗洞口等位置的上部时,门窗洞口等处的圈梁按照过梁计算。

(2)过梁的长度在洞口尺寸每边各加 250 mm,不要漏算此项工程量。

(3)过梁一般外伸 250 mm,但在门窗洞口墙垛处小于 250 mm 时,因为距离过近,则采用现浇过梁,同墙垛同时浇筑,此处注意扣减。

第13章 门窗成本分析及13个审计要点

13.1 门窗成本分析

13.1.1 各类型建筑门窗成本分析

各类型建筑门窗成本分析如表 13-1 所示。

表 13-1 各类型建筑门窗成本分析

房屋类型	单方造价（元 / m² 建筑面积）				
	室外门窗	防火门	防火卷帘门	单元门	入户门
别墅	165.90	—	—	—	5.39
联排别墅	95.86	2.65	—	—	9.01
洋房	125.30	5.00	—	2.18	14.98
多层住宅	80.00	5.00	—	4.89	14.67
高层住宅	80.00	2.75	—	0.29	11.66
公建	60.00	5.50	—	—	30.00
底商	60.00	4.50	—	—	30.00
地下车库	—	3.00	60.00	—	—

续表

房屋类型	室外门窗 单方含量(m²/m²)	室外门窗 单方造价(元/m²)	户门 单门造价(元/樘)	防护门 单方含量(m²/m²)	防护门 单方造价(元/m²)	单元门(元/樘)
别墅	0.22	750	3000	0.003 甲级防火门	—	—
联排别墅	0.14	650	3000	0.002 乙级防火门	甲级防火门550，乙级防火门500，丙级防火门450	—
洋房	0.19	650	3000	0.01 乙级防火门		3500
多层住宅	0.19	415	1500	0.01 乙级防火门		3500
高层住宅	0.19	415	1500	0.05 甲级防火门		3500
公建	0.14	415	—	0.01 甲级防火门	—	—
底商	0.14	415	—	0.01 丙级防火门	—	—
地下车库	—	—	—	—	—	—

注：上述价格会因所在地区不同有所差异，建议参考本地区价格水平并结合以上建议价格区间使用。

13.1.2　人工费成本分析

铝门窗工程中包括工厂加工、现场安装两个环节的人工费用：工厂制作 25~28 元 /m²；现场安装 35~38 元 /m²。

根据所在地区不同会有所不同，在实际应用中结合项目所在地情况及实际情况，参考价格使用。

一般住宅楼纱窗设置原则为，户内部分位置设置纱窗，在公共区域如电梯前室 / 公共走廊等不设置，具体还需结合设计图纸进一步分析，同时纱窗成本一般为门窗成本的 2% ~ 3%。根据门窗扇开启大小，来决定纱窗价格浮动区间。

13.1.3 辅材成本分析

一般铝门窗的辅材（小五金）费用为 60 ~ 120 元 / 套，因为小五金具有种类多、单价低的特点，招标时重点控制小五金的品牌即可，也可以规定品牌品质，如特定某品牌或指定品类范围（如中等偏上的品牌）。

13.1.4 纱窗成本分析

纱窗成本分析如表 13-2 所示。

表 13-2 纱窗成本分析

序号	门窗类型	纱门窗形式	价格（元 /m²）	备注
1	平开窗	固定纱窗	55 ~ 65	聚氨酯纤维纱
2	外悬窗	隐形纱窗	95 ~ 115	无阻尼
3	阳台门	折叠纱窗	125 ~ 145	卷纸纤维纱

注：上述价格会因所在地区不同有所差异，建议参考本地区价格水平并结合以上建议价格区间使用。

13.1.5 外遮阳措施成本分析

外遮阳措施成本分析如表 13-3 所示。

表 13-3 外遮阳措施成本分析

序号	遮阳材质	单位	单方成本
1	铝镁合金百叶	元/m²	150.00
2	竹帘遮光帘卷	元/m²	105.00
3	防水仿木窗帘	元/m²	300.00
4	百叶（中空层）	元/m²	155～185

注：上述价格会因所在地区不同有所差异，建议参考本地区价格水平并结合以上建议价格区间使用。

13.1.6 幕墙成本分析

幕墙成本分析如表 13-4 所示。

表 13-4 幕墙成本分析

序号	遮阳材质	单位	综合单价
1	框架式玻璃幕墙	元/m²	880～980
2	单元式玻璃幕墙	元/m²	1100～1280
3	防水仿木窗帘	元/m²	300.00
4	百叶（中空层）	元/m²	155～185

注：上述价格会因所在地区不同有所差异，建议参考本地区价格水平并结合以上建议价格区间使用。

13.2 门窗中的13个审计要点

1.［审计点］门和窗在软件中的窗框厚度是否需要设置，对其他工程量会有何影响

很多时候我们都会忽略这个小设置，但是框厚的定义影响

墙面抹灰、保温及面砖（如有）的工程量，一般软件会默认宽度为 60 mm，门窗施工过程中大家根据实际情况调整即可。

2.[审计点]门窗侧壁抹灰及块料需不需要计算

根据"13 清单"规定：

（1）门窗侧壁抹灰及块料，一般抹灰不单独计算。

（2）若为块料或涂料面层，按设计图纸尺寸计算，同时需要扣除门窗框占的面积。

建议在清单编制时，墙面清单描述增加一条"含门窗侧壁抹灰及涂料/块料由施工单位自由报价"来避免争议，如表 13-5 所示。

表 13-5　"13 清单"中关于门窗侧壁的定义

项目编码	项目名称	项目特征	计量单位	工程量计算规则	工作内容
01120 1001	墙面一般抹灰	1. 墙体类型 2. 底层厚度、砂浆配合比 3. 面层厚度、砂浆配合比	m^2	按设计图示尺寸以面积计算。扣除墙裙、门窗洞口及单个 >0.3 m^2 的孔洞面积，不扣除踢脚线、挂镜线和墙与构件交接处的面积，门窗洞口和孔洞的侧壁及顶面不增加面积。附墙柱、梁、垛与烟囱侧壁并入相应的墙面面积内	1. 基层清理 2. 砂浆制作、运输 3. 底层抹灰 4. 抹面层 5. 抹装饰面 6. 勾分格缝
01120 1002	墙面装饰抹灰	4. 装饰面材料种类 5. 分格缝宽度、材料种类			
01120 1003	墙面勾缝	1. 墙体类型 2. 找平的砂浆厚度、配合比			1. 基层清理 2. 砂浆制作、运输 3. 抹灰找平
01120 1004	立面砂浆找平层	1. 墙体类型 2. 勾缝类型 3. 勾缝材料种类			1. 基层清理 2. 砂浆制作、运输 3. 勾缝

3. [争议点] 门窗后塞口是什么，水泥砂浆后塞口和填充剂后塞口分别用在什么地方，计价时，门窗一定要有后塞口清单项吗

（1）"后塞口"是指在墙砌好后再安装门框。因为洞口的宽度应比门框宽 20~30 mm，高度比门框高 10~20 mm，所以需要用水泥砂浆或者填充剂将门窗缝隙填满。

（2）水泥砂浆后塞口常用于木门窗框与结构墙之间填缝，在门窗框安装完毕后封堵；填充剂填塞后塞口常用于塑料门窗框或铝合金门窗框与结构墙之间填缝。

二者的主要区别就是使用的材料不同，起的作用是一致的，无论用哪种材料都应该起到密闭和防水功能。

（3）是否套用门窗后塞口。因各地定额规定有很大的不同，从施工角度来说，门窗后塞口必定存在，但是在计价中，后塞口是否含在门窗制作安装中，存在很大争议。以北京市为例，北京市直接给出了门窗后塞口的定额子目，发生时可以直接套用，但是河北省门窗后塞口这项便含在了门窗中，不再单独计取。

具体计算方式，可在分析本地定额计算规则后，灵活调整。

4. [审计点] 门联窗如何分类编制清单和定额

门窗表中经常会有门联窗的定义，同时软件也给出了门联窗的构件，门联窗在软件定义时，可以直接按照门联窗构件进行定义，但是在编制清单时，门的部分划入门的清单项，窗的部分划入窗的清单项，不用列门联窗清单项，只是在计取门窗套时会有所差异。

5. [审计点] 门窗套什么时候计取

在一些高端设计门或者窗的时候，会设置门窗套，在编制清单的时候依据图纸要求，或业主订货清单，分析是否需要门窗套，在需要的时候，不要漏项。其中成品木门一般包括门套的费用。

6. [审计点] 合同界面划分需要注意什么

特别是门窗工程与外装饰工程、总包工程的界面，应注意如门窗框与洞口缝隙的堵塞及防水处理是否含在门窗合同范围内。

7. [审计点] 门窗的离地高度是按照结构标高还是建筑标高，门窗离地高度是否需要设置，对于工程量有什么影响

如前所述：建筑标高＝结构标高＋装修做法厚度，软件在定义的时候统一按照结构标高执行，所以在设置门窗离地高度时，需要考虑装修做法厚度，如果不设置，则会影响踢脚、墙裙、墙面的工程量。

8. [审计点] 软件是否要调整门的高度

当填写门高度时，与此门相关的踢脚、墙裙、墙面等，软件计算出来都是错误的，踢脚工程量不会与门扣减，同时墙裙和墙面把门当成窗来计算，并加上了下部侧壁。工程量是不准确的，所以，门不能填写离地高度。

9. [审计点] 门窗在编制工程量清单时，到底按照"个"还是按照 m^2

清单规定门窗在编制工程量清单的时候，可以采用"个"也可以按照 m^2 来计数，但是从结算角度来看，还是建议用个，一个建筑物所用的门窗类型有限，按照不同类型分别组价。

这样便于后期在认价的时候直接输入材料价格，同时也有利于业主在选型时，进行精准预估。

10. [审计点] 如果门窗按照面积进行计算，为什么计算出来会有所差异

计算差异的来源，正是因为门窗有两个计算方式，一种是按照洞口进行计算，一种是按照框外围尺寸进行计算。如上所述，为了能正确安装，洞口尺寸要大于门窗框尺寸，所以会导致工程量差。因为各地计算规则不同，具体采用哪种计算方式，因地而异。当按照面积进行计算时，要关注此项审计点。门窗面积有两种计算方式：①按照洞口尺寸计算；②按照框外围尺寸计算。

11. [审计点] 什么是带肋玻璃幕墙，带肋玻璃幕墙如何计算面积

当采用全玻璃时，在两块玻璃之间需要设置一个与幕墙垂直的玻璃肋，这就是带肋玻璃幕墙；玻璃幕墙按照展开面积计算，即带肋部分计入幕墙工程量中。

如果工程量清单编制时，是按照外立面面积计算，未考虑带肋工程量，此时需要投标人在综合单价中，将此工程量充分考虑，提高对应的综合单价，来消化带肋增加的工程量。

12. [审计点] 幕墙中的特殊构件是否需要单独计费

幕墙结构中，有一些单独构件，如窗的自动开启装置、接驳爪等，这些特殊构件所占造价比重较大。

在编制工程量清单时，要将特殊的五金件进行单独列项，避免结算中因为特殊装置不明确导致结算争议。

13.［审计点］幕墙与幕墙悬窗的面积扣减

部分幕墙会设置幕墙悬窗，在计价时要将幕墙悬窗单独套定额，同时将幕墙悬窗所占面积从幕墙面积中进行扣减。还要注意的是，幕墙悬窗是否有自动开启装置，如果有，则需要对开启装置单独列项，特殊五金件会影响较大的价格因素，此处不要漏项。

第14章 屋面成本分析及10个审计要点

14.1 屋面成本分析

14.1.1 屋面排水管成本分析

在"13清单"中，仅仅列有屋面排水管这一清单项，但进行组价时不能只列排水管，还要对雨水斗、雨水口、出水口进行定额套用。以下为各项的综合单价。关于屋面排水管的定义如表14-1所示。

表14-1 "13清单"中关于屋面排水管的定义

项目编码	项目名称	项目特征	计量单位	工程量计算规则	工作内容
010902004	屋面排水管	1.排水管品种、规格 2.雨水斗、山墙出水口品种、规格 3.接缝、嵌缝材料种类 4.油漆品种、刷漆遍数	m	按设计图示尺寸以长度计算。如设计未标注尺寸，以檐口至设计室外散水上表面垂直距离计算	1.排水管及配件安装、固定 2.雨水斗、山墙出水口、雨算子安装 3.接缝、嵌缝 4.刷漆

（1）综合单价：45~65元/m［含雨水管（110UPVC）、雨水斗、雨水口、出水口、算子板］。

（2）屋面排水管：DN110材料价格22~28元/m。

（3）雨水斗：DN110重力型雨水斗35~38元/个。

（4）雨水口：单算雨水口，600×600×50，80~95元/个。

（5）水簸箕：85~115元/个。

（6）排汽孔：115~130元/个。

上述价格会因所在地区不同有所差异，建议参考本地区价格水平并结合以上建议价格区间使用。

14.1.2　清包工成本分析

屋面挂瓦劳务分包价格区间：35～45元/m²。

上述价格会因所在地区不同有所差异，建议参考本地区价格水平并结合以上建议价格区间使用。

14.2　屋面中的10个审计要点

1. [知识盲区] 如何区分上人屋面和不上人屋面

（1）两种屋面的区分：顾名思义，能上人的屋面就是上人屋面，一般指大屋面有楼梯直接可以上去的屋面；不能上人的屋面就是不上人屋面，一般指电梯机房、水箱间、楼梯间屋面等。

（2）两种屋面的做法：两种屋面的做法不同，导致综合单价也不一致。一般情况下，不上人屋面做完防水及保护层后就完工了，而上人屋面在做完防水层后，还要做一个楼地面层。同时不上人屋面可以没有女儿墙也可以有女儿墙，高度不受限制，而上人屋面，一般都有女儿墙，而且女儿墙高有限制，必须达到安全要求高度，一般不低于1.3 m。

（3）具体需详细阅读施工图纸，明确区分上人和不上人区域，避免后期结算时产生纠纷。

2. [审计点] 女儿墙是否要做保温，是否内外侧都要做

具体详见图纸设计说明，但是按照图集规范大部分都需要做保温。

（1）一般规定，不仅外侧做，内侧也要做，按规范应该是把顶面和内侧都做上的,如果女儿墙不做保温,女儿墙与屋面板就会形成冷热桥,不利于工程整体保温性能效果。

(2)同时如果有部位不做保温,冷热空气就能进入室内,也会影响整体保温效果。常见的女儿墙做法如图14-1所示。

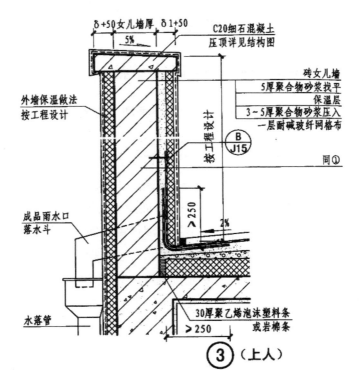

图14-1　平屋面砖女儿墙做法

3.[审计点]什么是水簸箕,如何计价

水簸箕是指凸出屋面的建筑物的落水管落到屋面时,在其下口为避免屋面被雨水冲刷而设置的保护块。

一般情况下，如果本地有水簸箕定额就执行水簸箕定额，没有的情况下直接补项，以个计算。预制混凝土水簸箕如图14-2所示。

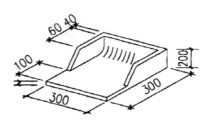

图14-2　预制混凝土水簸箕

4.[审计点]屋面经常会显示2%找坡，这样的屋面是否属于坡屋面，如何区分平屋面和坡屋面，如何计算2%找坡体积

（1）屋面显示的2%找坡，是为了平屋面的雨水能顺着坡度向下排，同样属于平屋面。防水界认为坡度大于10%（5°48′）即为坡屋面，屋面坡度小于等于10%（2°54′）系为平屋面。不上人屋面找坡做法如图14-3所示。

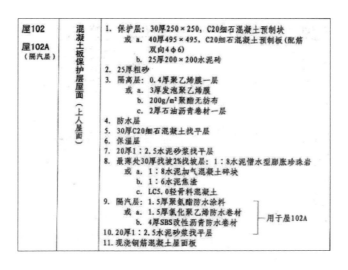

图14-3　不上人屋面找坡做法

（2）精准计算屋面找坡体积。

1）找坡计算的核心就是计算屋面的平均厚度。

2）从 200 mm 高度开始，一直走到 10 m 长度的地方，高度变成了 0 m，就叫 2% 找坡。

坡度就是高和长的比值，如图 14-4 所示。

精准计算见已定制好的表格（见造价资料包：屋面找坡快速计算公式）。

3）审计点：最薄处 20 mm，平均厚度往往大于 20 mm，此处工程量是最容易漏算的，施工单位不懂，或者为了图方便，直接按照最薄计算。

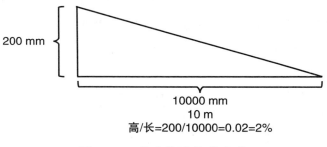

图 14-4　屋面找坡计算方式

5.[审计点]平屋面保温屋面中排汽孔是什么，如何套定额

凡是屋面有松散保温或找坡材料的必须设置排汽孔，否则，保温材料中的空气（水汽）会因膨胀而破坏屋面，所以排汽孔主要是用来排放保温屋面下水汽的。在定额选用时，有成品的排汽孔，建议按个计算。按图计算工程量，不要漏项。

排汽道、排汽管平面布置如图 14-5 所示。

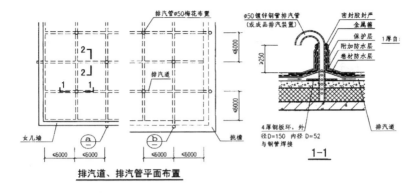

图14-5 排汽道、排汽管平面布置

6.[审计点]设备基础是否需要做防水,和屋面有什么异同,设备基础占屋面面积是否需要扣减

一般情况下做防水砂浆即可,一定要区分屋面防水做法。但在小于一定规格的时候,可直接将设备基础包含在屋面做法里面,具体还需结合施工图纸。还需要注意的是,设备基础大于 0.3 m² 的时候,所占屋面面积要进行扣除。

7.[审计点]如何区分比如雨水斗、雨水口、出水口、落水斗、落水口、水落口、排水斗

区分此类构件最先要搞懂的就是屋面排水原理:屋面的雨水汇集至雨水口处,进入雨水斗,进入排水管,最终流至出水口,排出室外。

(1)雨水斗:雨水斗设在屋面雨水由天沟进入雨水管道的入口处,下接雨水管,出水口设置在雨水管底端,从而将雨水排出。别名:落水斗、排水斗及 ×× 斗,就是一个斗。

(2)出水口:用来排水的下端口。

(3)雨水口:将屋面上的雨水统统汇集进入雨水斗内,"镶

嵌"于挑檐或女儿墙结构中。别名：落水口、水落口，如图 14-6 所示。

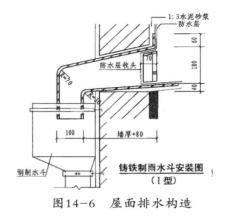

图 14-6 屋面排水构造

8. [争议点] 蓄水试验。包括封堵、蓄水、排水、看护等内容是否需要单独计算

根据各地区的定额不同而不同，一般地区定额包含了闭水试验，此时就不用单独计算了，但有部分地区定额不包括（如陕西省），此时不要漏算，根据合同条件和地区规定的不同，一般以 m^3 计算。

注意：试水深度、试水时间的收集和整理，避免审计以无图纸、无深度等对此项进行扣除。

9. [审计点] 出屋面烟道，在清单编制中容易漏的项

在编制屋面烟道中，不仅仅包括烟道本身的费用，还需要考虑止回阀、防火阀的费用，一般情况下防火阀、止回阀所占造价比重较大，不要漏项。

10. [审计点] 屋面檐沟的防水层漏项

屋面檐沟防水层是容易忽略的一项工作内容，要结合檐沟部位的节点做法，在发生时仔细分析图纸，不要漏算。

第15章

变形缝、施工缝、后浇带、止水条、止水带、止水钢板成本分析及12个审计要点

15.1 变形缝中的3个审计要点

1. [知识盲区] 变形缝

由于外界各类因素对整个建筑物的影响,如温差、收缩应力(伸缩缝)、地基沉降(沉降缝)、地震(防震缝),并不是均匀的,如果建筑物连成一个整体,容易发生变形或者破坏,所以应分成多个部分。将建筑物垂直分开的预留缝,如伸缩缝、沉降缝、防震缝统称为变形缝。

2. [审计点] 伸缩缝如何计算

伸缩缝的计算方式:伸缩缝一般不在软件中进行计算,外墙伸缩缝、内墙伸缩缝、地面伸缩缝、天棚伸缩缝分别在表格中以延米计算即可。

注意外墙檐口或者造型处的伸缩缝不要漏算,注意造型区域工程量,墙面变形缝若为双面,工程量系数乘2,如表15-1所示。

表15-1 清单中屋面伸缩缝的做法

项目编码	项目名称	项目特征	计量单位	工程量计算规则	工作内容
010902008	屋面变形缝	1. 嵌缝材料种类 2. 止水带材料种类 3. 盖缝材料 4. 防护材料种类	m	按设计图示以长度计算	1. 清缝 2. 填塞防水材料 3. 止水带安装 4. 盖缝制作、安装 5. 刷防护材料

续表

项目编码	项目名称	项目特征	计量单位	工程量计算规则	工作内容
010904004	楼（地）面变形缝	1. 嵌缝材料种类 2. 止水带材料种类 3. 盖缝材料 4. 防护材料种类	m	按设计图示以长度计算	1. 清缝 2. 填塞防水材料 3. 止水带安装 4. 盖缝制作、安装 5. 刷防护材料
010903004	墙面变形缝	1. 嵌缝材料种类 2. 止水带材料种类 3. 盖缝材料 4. 防护材料种类	m	按设计图示以长度计算	1. 清缝 2. 填塞防水材料 3. 止水带安装 4. 盖缝制作、安装 5. 刷防护材料

注：① 墙面防水搭接及附加层用量不另行计算，在综合单价中考虑。

② 墙面变形缝，若做双面，工程量乘系数2。

③ 墙面找平层按"13清单"附录L墙、柱面装饰与隔断工程"立面砂浆找平层"项目编码列项。

3. [审计点] 伸缩缝墙体两侧是否有装饰做法

因为伸缩缝两侧墙体缝隙过小，一般情况下不会设置装饰工艺，但有时候为了考虑防水渗透，会要求边砌边抹灰。具体还需要结合图纸分析。如果出现，则不要漏算。

15.2 施工缝中的2个审计要点

1. [知识盲区] 施工缝

施工缝指的是在混凝土浇筑过程中，因设计要求或施工需要分段浇筑而在先、后浇筑的混凝土之间所形成的接缝。施工缝并不是一种真实存在的"缝",它只是因先浇筑混凝土超过初凝时间,而与后浇筑的混凝土之间存在一个结合面,该结合面就称为施工缝。

因混凝土先后浇注形成的结合面容易出现各种隐患及质量问题,因此,不同的结构工程对施工缝的处理都需要慎之又慎。

2. [审计点] 施工缝是否需要单独列清单和套定额

1)这种施工缝是一种施工工艺,是不计算工程量和进行单独套项的。由现场施工人员在施工中进行处理。

2)大面积混凝土浇筑中需要分段浇筑,在此就会发生分段浇筑中的模板工程量,此模板一般含在筏板基础模板定额的含量中,同时也是施工单位组织施工的一种施工缝,发生时不再另行计算。

15.3　后浇带中的4个审计要点

1. [知识盲区] 后浇带

为防止现浇钢筋混凝土结构由于温度、收缩不均可能产生的有害裂缝,按照设计或施工规范要求,在板(包括基础底板)、墙、梁相应位置留设临时施工缝,将结构暂时划分为若干部分,经过构件内部收缩,在若干时间后再浇捣该施工缝混凝土,将结构连成整体,其中预留的施工缝就是后浇带。后浇带是既可解决沉降差又可减少收缩应力的有效措施,故在工程中应用较多,如图15-1所示。

第15章 变形缝、施工缝、后浇带、止水条、止水带、止水钢板成本分析及12个审计要点

图15-1 后浇带

2. [审计点] 后浇带防水地下工程防水技术规范

参考图集《地下工程防水技术规范》（GB 50108-2008），后浇带两侧可做成平直缝或阶梯缝，如图15-2和图15-3所示，其防水构造形式宜采用图15-3所示的做法。

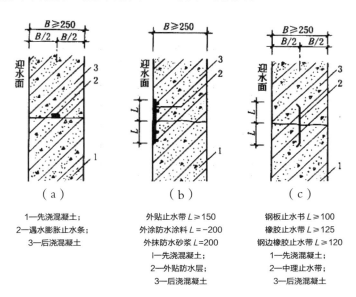

图15-2 图集中后浇带防水做法1

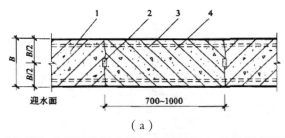

（a）

1—先浇混凝土；2—遇水膨胀止水条（胶）；3—结构主筋；4—后浇补偿收缩混凝土

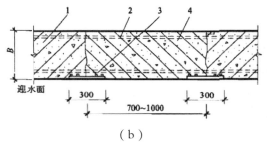

（b）

1—先浇混凝土；2—结构主筋；3—外贴式止水带；4—后浇补偿收缩混凝土

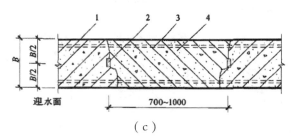

（c）

1—先浇混凝土；2—遇水膨胀止水条（胶）；3—结构主筋；4—后浇补偿收缩混凝土

图15-3　图集中后浇带防水做法2

3.［审计点］后浇带两侧如果使用镀锌钢丝网，是否需要单独计取

一般情况下，后浇带中实际使用的镀锌钢丝网/快易收口网包含在定额中，不用单独计取。

4.［审计点］后浇带是否使用混凝土型号

后浇带混凝土浇筑，一般应使用无收缩混凝土浇筑，可以采用膨胀水泥也可采用掺和膨胀剂与普通水泥拌制。强度等级需要比原结构提高一级，所以在入计价的时候，要对后浇带混凝土型号重新调整价格。

15.4 止水条、止水带、止水钢板成本分析及3个审计要点

1.［审计点］钢板止水带（止水钢板）及成本分析

（1）钢板止水带。混凝土结构中，地下室墙体施工中，如果底板和墙体分开浇筑，就需要留置施工缝。在施工缝处有时候会在两侧设置钢板止水带，如图15-4所示，发生时不要漏算。所涉及工程量需要乘以2，此处漏算工程量较多，需要重点关注。

图15-4　两侧钢板止水带

（2）成本分析。

钢板止水带规格型号：350 mm × 3 mm。

材料价格区间值：40~42元/m。

2. [审计点] 止水带及成本分析。

（1）橡胶止水带。可用于地下无水的建筑，一般用于建筑物的次要部位或要求不严的部位，如地下水位以上的地下室外墙、基础筏板等，即主要防止土层中的毛细水。

不适宜用在表面有覆土或种植土的地下车库顶板上。

（2）成本分析。

橡胶止水带规格型号：中埋式橡胶止水带，350 mm×6 mm。

材料价格区间：11~120元/m。

3. [审计点] 止水条及成本分析。

（1）止水条：止水效果没有止水带、止水钢板好，但比较便宜。

施工过程中不可预见的问题较多，一是钢筋密，不好放置；二是时间过长，吸潮膨胀，影响效果；三是施工缝处不平整，接触不良。通常这种方法止水效果不是很理想。

止水条安装时凹槽的留设，大了不能有效固定，小了镶嵌不到位。混凝土浇筑时，在混凝土浮力作用下容易移位。

（2）成本分析。

止水条规格型号：遇水膨胀止水条，30 mm×20 mm。

材料价格区间：6.5~7.5元/m。

上述价格会因所在地区不同有所差异，建议参考本地区价格水平并结合以上建议价格区间使用。

第16章 保温工程成本分析及8个审计要点

16.1 保温工程单方含量及成本分析

16.1.1 保温工程单方含量

外墙保温工程单方含量如表 16-1 所示。

表 16-1　外墙保温工程单方含量

序号	工程种类	层数	结构	用量	单位
1	普通住宅	7 层以下	砖混构造柱	0.743	m²/m²
2	普通住宅	7 层以下	砖混框架	0.885	m²/m²
3	普通住宅	7 层以下	框架	0.973	m²/m²
4	普通住宅	7 层以下	框剪	1.084	m²/m²
5	公寓	7 层以下	框剪	1.171	m²/m²
6	小区会所	1~3 层	框架	1.001	m²/m²
7	车库	1 层	框架	1.199	m²/m²
8	网点	1~3 层	框架	0.973	m²/m²
9	门诊楼	13 层以下	框剪	1.084	m²/m²
10	住院处	18 层以下	框剪	1.143	m²/m²
11	办公楼	7 层以下	框架	1.028	m²/m²
12	办公楼	7 层以上	框剪	1.084	m²/m²
13	标准化厂房	1~3 层	框架	1.056	m²/m²
14	商厦	7 层以上	框剪	1.199	m²/m²
15	高层住宅	18 层以上	框剪	1.084	m²/m²
16	高层公寓	18 层以上	框剪	1.143	m²/m²

注：上述含量会因图纸设计不同有所差异，建议参考项目图纸设计情况并结合以上建议含量区间使用。

16.1.2 保温工程成本分析

1.A级防火保温综合单价及建筑面积单方造价（30 mm厚）

（1）实施单价：改性发泡水泥类保温板（105.46元）＞改性聚苯板（103.68元）＞岩棉（101.23元）＞垂直纤维岩棉板（89.28元）。

（2）建筑面积单方造价：改性发泡水泥类保温板（130.25元/m^2）＞改性聚苯板（128.21元/m^2）＞岩棉（126.23元/m^2）＞垂直纤维岩棉板（109.53元/m^2）。

2.B级防火保温综合单价及建筑面积单方造价（30 mm厚）

（1）实施单价：XPS挤塑板（B1级防火）（85.28元/m^2）＞EPS聚苯板（B2级防火）（83.97元/m^2）。

（2）建筑面积单方造价：XPS挤塑板（B1级防火）（103.25元/m^2）＞EPS聚苯板（B2级防火）（100.23元/m^2）。

3. 外墙保温清包工

市场外墙保温清包工价格为33～35元/m^2。

上述价格会因所在地区不同有所差异，建议参考本地区价格水平并结合以上建议价格区间使用。

16.2 保温工程中的8个审计要点

1. [利润点]保温结算时，施工单位现场收方量为什么大于软件计算量，按照哪种计算更精确，特殊造型处的保温如何计取

（1）现场收方，实际测量的保温面积是外边线围成面积，而计算规则明确要求按照中心线围成的面积执行，所以会有量差，软件里面参考保温厚度，按照中心线进行计算，所以软件会更精确。

（2）特殊造型处的保温，软件目前无法绘制，大家按照部位，手算即可。要注意的是，造型处的保温厚度和相邻保温厚度是否一致，不一致的情况下要单独列项。

2.[审计点]地下车库顶面喷涂保温时，哪部分造价人员容易漏算

在地下车库做顶面保温时，很多造价人员的常规思路是计算屋顶板面积即可，但是如果有现场经验就会知道，除了屋面顶板，还有梁侧边也是要做保温喷涂的，切记不可漏算。

3.[知识盲区]挤塑板、聚苯板、挤塑聚苯板的区别

（1）聚苯板，全称聚苯乙烯泡沫板，又名泡沫板或 EPS 板。

（2）挤塑聚苯板简称"挤塑板"，聚苯板分为挤塑聚苯板和膨胀聚苯板，英文简称分别为 XPS、EPS。

（3）挤塑板 XPS 保温板就是挤塑式聚苯乙烯隔热保温板。

4.[审计点]女儿墙是否要做保温，是否内外侧都要做

具体详见图纸设计说明，但是按照图集规范大部分都需要做保温。

（1）一般规定，不仅外侧做，内侧也要做，按规范应该是把顶面和内侧都做上保温，如果女儿墙不做保温，女儿墙与屋面板就会形成冷热桥，不利于工程整体保温性能。具体还需结合实际图纸，如果发生，则不要漏算。

（2）同时，如果有部位不做保温，冷热空气就能进入室内，也会影响整体保温效果。常见女儿墙做法如图 16-1 所示。

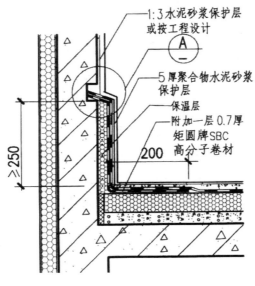

图16-1 平屋面砖女儿墙做法

5. [审计点] 平屋面保温屋面中排汽孔是什么，如何套定额

凡是有松散保温或找坡材料的屋面必须设置排汽孔；否则，保温材料中的空气（水汽）会因膨胀而破坏屋面。所以，排汽孔主要是用来排放保温屋面下水汽的。在定额选用时，有成品的排汽孔，按个计算。按图计算工程量，不要漏项。

6. [审计点] 天沟内侧保温算屋面保温还是外墙保温

天沟内侧保温因为要同屋面形成争议，如果有断层，会影响屋面保温效果，所以天沟内侧保温合并到屋面保温中计算即可。

7. [审计点] 专业分包外墙存在石材一体化保温板的重复计取

石材一体化保温板，即将石材与保温连体制作，直接将一体化板干挂即可，所以在计算时，就要扣除同部位相应保温面积。因为在石材层包含了保温，应避免重复计取。

8. [审计点] 其他容易漏算的部位

（1）分析图纸说明，在不保温房间和保温房间中间是否有保温做法，如图纸设置，一定要计算，此处漏算较多。

（2）室外地坪标高和 ±0.000 标高处，造价人员的常规思维是地上保温是从 ±0.000 开始计算，然而在室外地坪和 ±0.000 间还是存在高差，此部位容易漏算保温。

第17章 防水工程成本分析及11个审计要点

17.1 防水工程成本分析

17.1.1 防水工程地区性成本分析

防水工程造价指标（东北华北）如表 17-1 所示。

7.1.2 防水工程材料类成本分析

防水成本分析如表 17-2 所示。

17.2 防水工程各类审计要点

17.2.1 基础及地下室防水中的5个审计要点

1. [利润点] 集水坑斜面防水，在套用定额时，是按照立面还是平面

在常规计算中，集水坑斜面防水会并入到筏板防水中统一计算，筏板防水定额按照平面执行，所以集水坑斜面也自然按照平面定额计入。另外，单独提取集水坑斜面面积，也会造成很大的工作量且容易产生争议，所以业主在编制清单及招标控制价时，也会把集水坑斜面防水放到筏板防水中，统一考虑计算。

从另一个角度来说，在清单编制不明确，施工单位想利用清单漏洞增利的情况下，可以单独拿出来按照立面进行计算。

2. [审计点] 地下室顶板防水结算时，审计单位有什么经常漏掉的扣除项

通常，扣除顶板盲沟、排水沟、消防车道、主楼、局部设备基础，以及其他大于 0.3 m² 构件所占地下室顶板的面积。

3. [审计点] 地下室顶板防水结算时，施工中的重点注意事项

（1）夯实顶板防水上反高度。常规工程地下室顶板的顶标高一般在 –1.8 m 上下，上面回填覆土至 ±0.000，在车库顶板与主楼交接的地方，防水会设置到主楼墙上，并随着到 ±0.000，所以在计算时要重点关注防水的上反高度。

如果清单特征描述中明确的车库顶板上反高度和实际高度不符，务必要求甲方重新组定综合单价，这里要重点关注区分墙面防水和地面防水的界限。

同时需要注意的是，一般规定楼（地）面防水反边高度 ≤ 300 mm 时，执行楼（地）面防水；反边高度 > 300 mm 时，立面工程量执行墙面防水相应定额子目。具体还需参考本地定额。

（2）地下室顶板上反梁。如果地下室顶板有上反梁，还需要注意上反梁防水做法，不要漏算梁侧边及顶面面积，相关做法查看图纸。

4. [审计点] 地下室外墙止水螺栓增加费如何计取

一般规定：有抗渗要求的混凝土墙体模板使用止水螺栓时，另执行止水螺栓增加费定额子目。不同地区关于止水螺栓增加费计取方式不同，如北京市的止水螺栓增加费按照平方米计取，河北省的地下室外墙防水螺栓按照实际用量进行调整。具体还需结合当地定额，不要漏算即可。

表17-1 防水工程造价指标（东北华北）

序号	部位	防水等级	材质类别	厚度(mm)	指标(元/m²)	费用(元)				占比(%)			
						人工费	材料费	机械费	综合费用	人工费	材料费	机械费	综合费用
						地下室							
1	地下室	一级	卷材+涂膜防水	0.7+1.3	93.76	16.56	67.4		9.8	17.66	71.89		10.45
2			卷材+涂膜防水	2+3	112.87	21.62	77.74	1.1	12.41	19.16	68.87	0.97	11
3			卷材+涂膜防水	2+4	114.34	15.54	86.65	0.82	11.32	13.59	75.78	0.72	9.9
4			卷材防水	2+3	89	12	55.37	2.62	18.01	13.48	62.21	2.95	20.24
5			卷材防水	3+3	139.72	16.72	93.53	1.5	27.98	11.97	66.94	1.07	20.02
6			卷材防水	3+4	133.58	13.63	102.97	1.01	15.97	10.2	77.09	0.76	11.96
7			卷材防水	4+3	164.93	14.78	102.71	0.51	46.93	8.96	62.27	0.31	28.45
8			卷材防水	4+4	229.86	13.62	151.54	0.45	64.26	5.92	65.92	0.2	27.95
9			涂膜防水	1.5	87.76	9.77	52.37	0.35	25.27	11.13	59.67	0.4	28.8

续表

序号	部位	防水等级	材质类别	厚度(mm)	指标(元/m²)	费用(元)				占比(%)			
						人工费	材料费	机械费	综合费用	人工费	材料费	机械费	综合费用
	地下室												
10	地下室	一级	卷材防水	3	42.23	3.92	35.17	0.04	3.11	9.27	83.28	0.09	7.37
11			卷材防水	4	75.15	9.23	54.65	0.65	10.61	12.29	72.72	0.87	14.12
12			涂膜防水	1.5	51	12	24.4	2.34	12.26	23.53	47.84	4.58	24.05
	室内												
13	室内	一级	涂膜防水	3	64.47	4.45	56.44		3.58	6.9	87.55		5.55
14			卷材防水	0.6	55.15	3.34	48.59		3.23	6.05	88.1		5.85
15			卷材防水	1.2	32.74	12	14.38	0.41	5.96	36.65	43.91	1.24	18.2
16		二级	卷材防水	1.5	45	10	27.5	1.1	6.41	22.22	61.11	2.43	14.23
17			卷材防水	3	47.85	6.84	35.82	0.48	4.7	14.3	74.87	1	9.83
18			卷材防水	4	57.46	4.54	49.12		3.8	7.9	85.5		6.61

表 17-2 防水成本分析

分部	部位	防水等级	做法	材料	成本分析（元）			综合单价
					人工	材料	综合	
地下室	地下室底板	Ⅰ级	做法一 3+3	3厚自粘聚合物改性沥青防水卷材	16.5	36.5	53	106
				3厚自粘聚合物改性沥青防水卷材	16.5	36.5	53	
			做法二 3+4	3厚SBS弹性改性沥青防水卷材	13	31.5	44.5	94.7
				4厚SBS弹性改性沥青防水卷材	13	37.2	50.2	
		Ⅱ级	做法一	3厚自粘聚合物改性沥青防水卷材	16.5	36.5	53	53
			做法二	4厚SBS弹性改性沥青防水卷材	13	37.2	50.2	50.2
	地下室外墙	Ⅰ级	做法一	2.0厚聚氨酯防水涂料	10	35	45	45
		Ⅱ级	做法一	1.5厚聚氨酯防水涂料	10	30	40	40
			做法二	4厚SBS改性沥青防水卷材	13	37.2	50.2	50.2
	地下室顶板（非种植区）	Ⅰ级	做法一 1.5+2	1.5厚自粘聚合物改性沥青防水卷材	10	20	30	63.6
				2厚高聚物改性沥青防水卷材	8	25.6	33.6	
		Ⅱ级	做法一	3厚自粘聚合物改性沥青防水卷材	16.5	36.5	53	53
			做法二	4厚SBS弹性改性沥青防水卷材	13	37.2	50.2	50.2
	地下室顶板（种植区）	Ⅰ级	做法一 4+2	4厚耐根穿刺防水卷材	16.5	40	56.5	90.1
				2厚高聚物改性沥青防水卷材	8	25.6	33.6	

续表

分部	部位	防水等级	做法	材料	人工	材料	成本分析（元）综合单价	综合单价
地下室	地下室顶板（种植区）	I级	做法一 4+3	4厚耐根穿刺防水卷材	16.5	40	56.5	113
				4厚耐根穿刺防水卷材	16.5	40	56.5	
室内	洗手间—平面		做法一	1.5厚聚合物防水涂料JS-Ⅱ	9	23.5	32.5	32.5
			做法二	1.5厚双组分聚氨酯防水涂料	9	26.5	35.5	35.5
	洗手间—立面		做法一	1.2厚聚合物防水涂料JS-Ⅱ	9	19.5	28.5	28.5
			做法二	20厚防水砂浆	1	4	5	5
屋面	平屋面	I级	做法一 3+2	3厚SBS弹性改性沥青防水卷材	13	31.5	44.5	78.1
				2厚高聚物改性沥青防水卷材	8	25.6	33.6	
			做法二 1.5+2	1.5厚自粘聚合物改性沥青防水卷材	10	20	30	63.6
				2厚高聚物改性沥青防水卷材	8	25.6	33.6	
		Ⅱ级	做法一	3厚自粘聚合物改性沥青防水卷材	16.5	36.5	53	53
			做法二	4厚SBS弹性改性沥青防水卷材	13	37	50	50
	瓦屋面	Ⅱ级	做法一	2厚自粘聚合物改性沥青防水卷材	12	22	34	34

注：上述价格会因所在地区不同有所差异，建议参考本地区价格水平并结合以上建议价格区间使用。

在止水螺栓施工完毕后,需要增加止水螺栓堵眼。此时,明确两个事项即可:此项内容是否包含在本地定额中;如果不包含,价格为1~2元/个。墙体堵眼如图17-1所示。

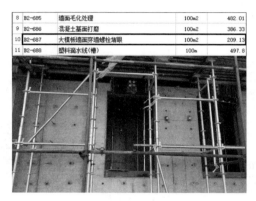

图17-1　墙体堵眼

5. [审计点] 防水容易漏算的项目

(1)防水墙与基础相交处,只计算垂直面,基础顶面水平面部分的防水容易漏项。

(2)主楼地下室外墙及基础与车库基础不在同一平面,外墙在车库底板下方迎土面要计算防水,如图17-2所示。此处还需要采取相关防潮措施,防止地下潮气上反。

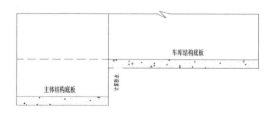

图17-2　基础防水部位

(3)混凝土通风井(采光井)外侧三面防水容易漏算。

17.2.2 卫生间、厨房防水中的2个审计要点

1. [审计点] 什么是防水反梁，防水导墙按什么计算

（1）卫生间、厨房等有水房间墙下设置的防水反梁，目的是防止有水房间内的水流向室外。

（2）防水导墙的计算方式，一种是在楼板浇筑完成后，直接在楼板上支设模板，浇筑素混凝土，此做法和圈梁做法一致，直接按照圈梁（墙）清单及定额子目执行即可。

（3）还有一种防水导墙的浇筑方式是，在浇筑板的时候，连同防水反梁一同浇筑，其混凝土及模板并入板中。这也是现在经常用的一种做法。

2. [审计点] 卫生间防水如何定义上反高度，淋浴区墙面防水不小于1.8 m，淋浴区域如何定义

一般情况下，卫生间地面防水反边高度不小于100 mm，直接在算量软件的"装修－楼地面"中定义上反高度即可。

但卫生间有淋浴的墙面防水高度应不小于1800 mm。分析图纸明确淋浴范围，在图纸不明确的时候，提出图纸答疑，避免后期因为范围产生争议，其次，设置防水卷边采用多变设置，把需要的地方上反1.8 m即可。

17.2.3 屋面防水中的1个审计要点

[审计点] 屋面防水上反高度有哪些注意点

（1）一般情况下，屋面防水上反为200～300 m，并设置防水压条，但有些图纸要求防水上反做到女儿墙顶（或女儿墙压顶下），并没有标注实际上反尺寸，而规范要求的最小上反高度是250 mm，这就容易造成双方关于高度的争议。

（2）有设计要求的女儿墙会设置女儿墙凹槽，在凹槽中压入钢压条，之后用填缝油膏密封，不同地区对于钢压条及填缝油膏是否单独计算存在很大争议。建议在编制清单时，将此项费用描述进去，让施工单位综合考虑报价，避免后期产生争议。面对类似问题，最好在施工过程中做好现场照片，有必要时进行现场见证。女儿墙凹槽做法如图17-3所示。

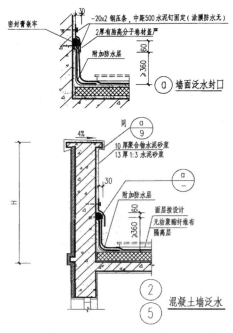

图17-3 女儿墙凹槽做法

17.2.4 其他防水中的3个审计要点

1. [争议点] 防水附加层、加强层、收缝、接头是否需要单独计算

（1）需不需要单独计算还是要看所在地区定额的规定，有的地区已经包括在定额含量内，有的地区需要单独计算。所以大家在套价之前，应先吃透本地定额。例如，北京市防水工作内容为："基层清理、刷基层处理剂、铺贴附加层及防水卷材、接缝收头等"。

（2）针对此类问题建议在编制清单及控制价中，将此项描述进去，避免后期因为防水附加层产生纠纷。例如，清单中增加地下水外墙防水与散水的附加层，地下外墙防水向上延伸 ≥ 500 mm，遇洞口向内延伸 ≥ 500 mm 等及其他附加层的在清单编制时明确表达。防水附加层做法如图 17-4 所示。

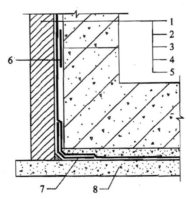

1—保护墙；2—涂料保护层；3—涂料防水层；4—找平层；
5—结构墙体；6—涂料防水层加强层；7—涂料防水加强层；8—混凝土垫层

图 17-4　防水附加层做法

（3）对于一些特殊附加层的考虑。有些部位由于结构特殊，附加层的量要远远大于定额所考虑附加层的增加量，如图 17-5 所示，这样的基础，附加层包含在定额中，防水卷材严重亏损。遇见此类结构时，需要及时与甲方协商，说明原因，尽量将此部位单独拎出来，以签证形式体现，避免造成大范围亏损。

图17-5 异形构造做法

2.[审计点]闭水试验是否需要单独计取

屋面、卫生间都需要做闭水试验,一般水深盖过屋面或者卫生间面即可。

(1)大部分地区这部分费用包括在防水定额中,不单独计取。

(2)但部分地区闭水试验是按照立方米单独计算的。

所以大家在充分分析当地定额的基础上执行相应定额子目即可,并重点关注灌水厚度,避免因为厚度未定而引起量的争议。

3.[审计点]防水卷材甲供问题探索

(1)如果防水材料甲供,可以在合同中约定一部分损耗率,避免后期入不敷出,出现亏损。

(2)如果防水材料乙供,则不需要约定损耗率,按实计算。

(3)固定的损耗率(施工损耗、搭接损耗、附加层、局部加强等),此损耗率一般范围在10%~15%之间。承台很多的地库、个别项目有可能达到15%~20%之间。

第18章 楼梯中的7个审计要点

1. [知识盲区] 楼梯是否还要在软件中绘制，有什么影响

"13 清单"规定：以平方米计量，按设计图示尺寸以水平投影面积计算。不扣除宽度 ≤ 500 mm 的楼梯井，伸入墙内部分不计算。且在大部分地区，定额都是按照平方米进行编制的，在定额含量中将工程量综合体现。所以在软件建模的时候，就没有必要将楼梯进行绘制了。同时模板也是按照水平投影面积计算，在定额里面会综合体现。

2. [审计点] 楼梯抹灰如何进行计算

楼梯抹灰按照斜面积计算，为了方便，建议在计算时，直接用 Excel 表格根据图纸进行手算即可。

3. [审计点] 楼梯侧面抹灰是否计取

楼梯侧面抹灰是否计取主要分两种情况。

（1）楼梯一边靠墙体、一边不靠墙体的，如果墙面材料和楼梯侧面材料相同，则楼梯侧面抹灰就不用计算了，因为靠近墙体一侧占墙体抹灰面积需要扣减，一增一扣也就平了。

（2）楼梯两边不占墙体的，需要进行计算，可以按照零星抹灰进行计算。

需要注意的是，如果墙面抹灰材质和楼梯侧面抹灰材质不同，则不能按照此扣减方式。同时施工单位要注意，扣的是墙面抹灰，增加的是零星抹灰，有用工差异。可以尝试向业主争取这笔费用差。

4. [审计点] 楼梯预埋件是否漏算

根据图纸要求，楼梯与栏杆连接处，经常会设计预埋件，一般情况下包含在楼梯价格中。但楼梯栏杆和总包单位为两家单位施工时，总包单位需要进行预留预埋，此费用要进行计算，

这也是大家容易忽略的地方,楼梯预埋件按照图纸以质量计算。

5. [审计点] 楼梯石材踏步是否开槽，开槽费用是否需要单独计算

一般石材踏步会设置开槽，开槽费用一般情况下包括在石材踏步里面，不再单独计取。如果有特殊情况需要单独计取（如进场踏步没有防滑槽，要是现场开槽的），则可以补充一项定额，大概价格为 3~5 元 /m。

6. [审计点] 楼梯滴水线是否需要单独计算

楼梯滴水线如果是水泥砂浆滴水线，直接合并到抹灰工程量中；如果是塑料滴水线，则可以补充一项定额，以 m 计算。

7. [审计点] 楼梯在计算投影面积时，哪些梯梁计入投影面积中，哪些梯梁单独计算

在楼梯计算投影面积时，与楼梯踏步上下口相邻的梯梁并入到水平投影面积中计算，发生时不另行计算，与之不相邻的梯梁按照梁进行计算。所以，在计算水平投影面积时，不要既计算了水平投影面积又计算了梯梁。

第19章 钢结构工程成本分析及7个审计要点

19.1 钢结构单方含量及成本分析

钢结构相关指标数据及单价分析如表 19-1 和表 19-2 所示。

表 19-1 钢结构相关指标数据

序号	项目名称	费用类型	指标
1	油漆	1×50μm厚环氧富锌底漆	7.5kg/t
2	油漆	1×100μm厚厚浆环氧云母氧化铁中间漆	12kg/t
3	油漆	2×40μm厚丙烯酸脂肪族聚氨酯面漆	7.7kg/t
4	油漆	1kg 油漆可以涂 5m²	5m²/kg
5	损耗	厂房实际料耗	3%~5%
6	损耗	重钢，结构复杂的用 8%	8%
7	损耗	彩钢板屋面板	2%
8	损耗	彩钢板墙板	3%~5%
9	门钢含量	12	10~23kg/m²
10	门钢含量	（不含吊车）	15~22kg/m²
11	门钢含量	20	18~24kg/m²
12	门钢含量	30	25~34kg/m²
13	门钢含量	36	28~38kg/m²
14	门钢含量	48	30~45kg/m²
15	门钢含量	60	45~60kg/m²

表 19-2　钢结构相关指标数据——单价分析

序号	项目名称	费用类型	指标	备注
1	钢结构制作安装成本	加工费（车间加工）	220~300 元/t	型钢、H 钢、格构式
2		安装费	300~350 元/t	轻钢
3		机械费及辅材	320~420 元/t	含下料、焊接、组拼、打磨
4	钢结构厂房	轻钢结构	1000 元/m²	单方造价
5		工业厂房	950 元/m²	
6	油漆	普通油漆	200 元/t	
7	喷砂除锈	抛丸除锈	200~250 元/t	
8		喷砂除锈 Sa2.5 级	150~200 元/t	
9	防火涂料	油性（薄型）	40 元/m²	
10		水性（厚型）	60 元/m²	
11	运输费		1.40~50 元/t	

注：上述价格会因所在地区不同有所差异，建议参考本地区价格水平并结合以上建议价格区间使用。

19.2　钢结构中的7个审计要点

1.［审计点］图纸审核中，有哪些和造价相关的关键点需要重点注意

（1）材料形式。

1）不同材质对造价会有很大的影响，如 Q235、Q345、高强度螺栓的强度等级等，所以需要明确结构各个构件采用的具

体材质，有针对性地进行套项。

2）油漆的要求：需要采用油漆类型、涂刷遍数、防火等级等。

（2）施工要求。

1）除锈要求：采用除锈形式、除锈等级。

2）焊缝要求：焊缝等级、探伤要求等。

2. [审计点] 钢结构中容易漏算的项目

（1）檩条长度计算中，容易忽略山墙处，钢梁所占的搭接长度，此处不要漏算。

（2）拉杆长度计算中，每根拉杆长度在檩条间距基础上每端增加 50 mm，即合计每根增加 100 mm。

（3）泛水收边。

（4）铝塑板吊顶，阳光板等屋面吊顶或装饰性板，其龙骨不要漏算。

3. [审计点] 钢结构中其他容易重复计算的项目

在计算高强度螺栓时，注意共用连接关系，如柱子和梁连接时，不是用两个高强度螺栓，而是共用一个。此处需要重点关注。

4. [审计点] 钢结构损耗应如何规定，损耗量是否计入工程量中

钢结构一般情况下损耗率为 3%～5%，根据工程的复杂程度有所不同，但损耗的工程量需要进行计算，所以明确的损耗率是避免结算争议的有效手段。在合同签订中，将损耗率进行明确。

5. [争议点] 焊缝的质量占比有多少，在计算工程量的时候是否将焊缝质量计入钢结构工程量中，探伤费用谁支付

一般情况下，焊缝质量占到构件的 1.5%～2% 左右，焊缝所增加的质量不计入钢结构工程量中，探伤费用发生时按实际进行报价，计入工程总价中。

6. [审计点] 金属结构防锈漆是否包含在金属结构中，发生时如何计算

在工程预制金属结构时，一般会刷一道防锈漆，所以会综合考虑一道防锈漆，在施工方法中如果还有其他做法，则需按实计取。

7. [审计点] 有哪些容易漏算的小项

上人屋面中的钢爬梯、集水坑中的钢爬梯等的金属结构不要漏算。

第20章 装配式成本分析及2个审计要点

20.1 装配式成本分析

20.1.1 装配式混凝土结构工程成本分析

以下摘自《装配式建筑工程投资估算指标》，指标全文请到造价资料包：装配式建筑工程投资估算指标中下载。

(5) 本指标中居住类建筑综合指标装修建安工程费按 1300 元 /m^2 计入，指标基价为 1569.75 元 /m^2；公共类建筑综合指标装修建安工程费按 1500 元 /m^2 计入，指标基价为 1811.25 元 /m^2；居住类建筑安装工程建安工程费按 300 元 /m^2 计入，指标基价为 362.25 元 /m^2；公共类建筑安装工程建安工程费按 700 元 /m^2 计入，指标基价为 845.25 元 /m^2，如相应费用与本指标不同时可按实际调整。

20.1.2 装配式钢结构工程成本分析

以下摘自《装配式建筑工程投资估算指标》。

（5）居住建筑综合指标装修建安工程费按 1300 元 /m^2 计入，指标基价为 1569.75 元 /m^2；公共类建筑综合指标装修建安工程费按 1500 元 /m^2 计入，指标基价为 1811.25 元 /m^2；钢框架－钢筋混凝土核心筒结构的装配率 75% 及其他类结构体系的装配率 90% 装配式建筑工程项目的装修应用一定比例干法楼地面、集成厨房、集成卫生间、管线分离等干式工法，综合指标装修费用按装修费用基础增量 150 元 /m^2 计入；钢框架－钢筋混凝土核心筒结构的装配率 90% 及其他类结构体系的装配率 90% 以上综合指标装修费用按装修建安工程费基础增量 300 元 /m^2 计入；如相应费用与本指标不同时，可按实际调整。

上述价格会因所在地区不同有所差异，建议参考本地区价格水平并结合以上建议价格区间使用。

20.2　装配式中的2个审计要点

1. [知识盲区] 装配式（PC）结构都有哪些

常用的PC构件有预制柱、预制梁、内墙板、外墙板、叠合板、阳台、空调板、楼梯等，如图20-1所示。

图20-1　装配式外墙

2. [知识盲区] 预制率定义

所谓预制率，是指建筑室外地坪以上主体结构和围护结构中预制构件部分的材料用量占对应构件材料总用量的体积比。

第21章 二次搬运费计取及4个审计要点

21.1 二次搬运费如何计取

根据不同地区定额进行分析。

例如,某地区定额规定"二次搬运措施费:二次搬运措施费 = 计算基数 × 二次搬运措施费费率,计算基数为分部分项工程费中的材料费及可以计量的措施项目费中的材料费合计"。所以二次搬运费根据费率计算即可。

注意:材料费的确认需要进行现场签证,明确哪一部分需要进行二次搬运,避免因为范围不明确,导致争议。同时,留存好二次搬运的照片以备用。

21.2 二次搬运费中的4个审计要点

1.[知识盲区]什么是二次搬运费

二次搬运费是指因施工场地狭小等特殊情况而发生的材料、构配件、半成品等一次运输不能到达堆放地点,必须进行二次或者多次搬运所发生的费用。

2.[审计点]土方的二次倒运是否属于二次搬运费

不属于,二次搬运费的前提条件是材料。土方并不能定义到材料中,但有特殊情况除外,如下述3中。

3.[审计点]外购土当成了材料来计取,能否计取二次搬运

讨论外购土是否能计取材料费,首先需要对外购土进行定义。外购土之后,土方就变成了一种材料,符合当前对二次搬运的定义,则可以按照二次搬运计取土方量。

4.［审计点］能否计取二次搬运费

二次搬运费在施工中属于措施项目，在投标时是应该考虑到的。如果投标时未报，结算时就要不出这笔费用，除非是特殊情况，如因建设单位原因或者场地周围发生变化，导致产生了二次搬用，而且确实需要发生二次搬运的，建设单位和监理单位能给予洽商签证的才可以要出。

21.3 案例分析

案例：施工场地很狭窄，不能存放大量的保温材料，需要在场地外临时协调一个仓库保管。这时，由仓库运到施工现场的材料是否可以计取二次搬运费？

案例分析：可以计取二次搬运费。二次搬运费的前提条件是场地狭小、材料及实际发生搬运，以上符合二次搬运的前提条件，所以可以正常计取二次搬运费。按照合同约定执行。

第22章 大型机械进出场与安拆费及12个审计要点

22.1 大型机械进出场费中的5个审计要点

1. [知识盲区] 大型机械进出场费定义

大型机械的进出场费用是指无法通过自身的设备,或者通过自身的设备对于公路会有所破坏(政府不允许),等施工机械或者施工设备,同时包括整体或者部分运输至施工现场的,运输、装卸、辅助材料及架线等费用。

2. [知识盲区] 常见的大型机械进出场类型及机械

(1)类型:土方工程机械、打桩工程机械、建筑物工程机械三大类。按项计算,计入总价措施项目费中。

(2)常用的大型机械:履带式挖掘机、履带式推土机、履带式起重机、塔式起重机、强夯机、柴油打桩机、静力压桩机、施工电梯、混凝土搅拌站、潜水钻孔机、拖式铲运机、沥青摊铺机、深层搅拌桩机等。

3. [审计点] 大型机械进出场费用组成

(1)大型机械的进出场费用按照一次性包干考虑,包括回程费用定额。

未包括以下费用:

1)机械非正常的解体和组装费;

2)运输途中发生的桥梁、涵洞和道路的加固费用;

3)机械进场后行驶的场地加固费。

(2)大型机械进出场费用运输运距是按多少考虑,不同地区定额规定不一样,参考贵州省定额为 30 km 考虑,四川省定额为 25 km 考虑。

地区一：大型施工机械设备进出场。

1. 施工机械场外运输费用是指施工机械整体或分体自停放场地运至施工现场和竣工后运回停放地点的来回一次性包干费用。

2. 场外运输费用运距按 ≤ 30 km 编制，超出该运距上限的场外运输费用，不适用本定额。

3. 单位工程之间机械转移，运距 ≤ 500 m，按相应机械场外运输费用定额项目乘以系数 0.80；运距 > 500 m 仍执行该定额项目。

4. 自升式塔式起重机场外运输费用是以塔高 45 m 编制的，塔高 > 45 m 且 ≤ 200 m 时，每增高 10 m，按相应定额项目增加 10%，不足 10 m 按 10 m 计算。

地区二：大型机械设备进出场及安拆费等。

（一）大型机械设备进出场。

1. 大型机械进场费定额是按 ≤ 25 km 编制的，进场或返回全程 ≤ 25 km 者，按"大型机械进场费"的相应定额执行，全程超过 25 km 者，大型机械进出场的台班数量按实计算，台班单价按施工机械台班费用定额计算。

2. 大型机械在施工完毕后，无后续工程使用，必须返回施工单位机械停放场（库）者，经建设单位签字认可，可计算大型机械回程费；但在施工中途，施工机械需回库（场、站）修理者，不得计算大型机械进、出场费。

3. 进场费定额内未包括回程费用，实际发生时按相应进场费项目执行。

4. 进场费未包括架线费、过路费、过桥费、过渡费等，发生时按实计算。

5. 松土机、除荆机、除根机、湿地推土机的场外运输费，按相应规格的履带式推土机计算。

6. 拖式铲运机的进场费按相应规格的履带式推土机乘以系数1.1。

（二）大型机械一次安拆费。

大型机械一次安拆费定额中已包括机械安装完毕后的试运转费用。

（三）塔式起重机基础及施工电梯基础。

1. 塔式起重机轨道式基础包括铺设和拆除的费用，轨道铺设以直线为准，如铺设为弧线时，弧线部分定额人工、机械乘以系数1.15。

2. 固定式基础如需打桩时，其打桩费用按"C桩基工程"相应定额项目计算。

3. 本定额不包括轨道和枕木之间增加其他型钢或钢板的轨道、自升塔式起重机行走轨道和混凝土搅拌站的基础、不带配重的自升式起重机固定式基础、施工电梯基础等。

4. [审计点] 大型机械进出场费数量，依据什么计算

大型机械进出场及安拆费用应按实际进场的机械规格、品种、台数为准计算。在一个工程地点只计算一次场外运输费用（进退场费）及安装、拆卸费。因发包人原因而发生的规格、次数应另计（合同约定措施包干，不予调整的除外）。

5. [争议点] 大型机械进出场费用是否为措施费，单价措施还是总价措施，是否需要单独计取

1）根据"13清单"规定，大型机械进出场费用是措施费。

2）大型机械进出场费用是按项计算，是总价措施。大型机械

设备进退场费已包含在管理费中，除定额有规定外，不得另行计算。

22.2 大型机械安拆费中的3个审计要点

1.[知识盲区] 大型机械安拆费

大型机械的安拆费是指大型施工机械及机械基础、底座等，在施工现场进行安装、拆卸所需要的人材机及试运转、机械辅助设施等费用。

2.[审计点] 大型机械安拆费包括哪些费用，未包括哪些费用

部分地区安拆费用定额已包括机械安装完毕后的试运转费用。但以下费用需要另行计算。

1) 自升式塔式起重机行走轨道、不带配重的自升式塔式起重机固定式基础、施工电梯、高速井架和混凝土搅拌站的基础，有发生时另行计算。塔吊、电梯混凝土基础做在楼板面，楼板面下需要加固者应另行处理，塔吊基础的拆除和外运费用含在临时设施内，不需要单独另计。

2) 大型垂直运输机械（包括塔式起重机）附着所需预埋在建筑物中的铁件，有发生时另行计算；因施工现场条件限制，自升式塔式起重机需要另行加工型钢附着件的，可根据施工组织设计另行计算附着件，套用铁件安装定额。

3) 未包括塔吊、电梯基础下打桩、降水费用，应另行计算。

3.[审计点] 大型机械场内拆、卸转移等如何计算

1) 因业主原因导致大型机械场内发生拆、卸转移等的安拆费,此费用按照实际发生计算,同时需要辅助铺设枕木等设备时，需要另行计算费用。

2）可自行简单快速拆卸，并通过自身可以自行移动的，则不再计取场内安拆费。

22.3 其他4个审计要点

1. [审计点] 施工机械台班单价中已经包含了机械安拆费和进出场运费，是否还需要计算大型机械安拆费和场外运费

一般常用的建筑机械台班单价中，包含了机械本身的安拆费和进出场运费，但是大型机械设备的机械台班中，未包含机械本身的安拆费和进出场运费。所以，对塔吊、桩机、履带式机械等大型机械设备，需要单独计算安拆费和进出场费用。

2. [审计点] 自升式塔式起重机定额编制安拆高度是多少，超出部分如何计算

部分地区定额规定，自升式塔式起重机安卸费用定额是按塔高45 m考虑的，如塔高超过45 m的，每增高10 m，安拆费增加20%。此项需要结合当地定额灵活选择。

3. [审计点] 不同形式的柴油打桩机机械进出场及安拆费如何套取定额

轨道式柴油打桩机、走管式柴油打桩机、走管式自由落锤打桩机，其机械进出场及安拆费可套用柴油打桩机定额，打桩机械台班替换为本机型号。

4. [审计点] 大型机械设备检测费如何计算

大型机械设备检测费，每台检测费按检测次数乘以检测单价计算。检测单价：塔吊2000元/台次、施工电梯1500元/台次。

第23章 冬雨季施工及3个审计要点

23.1 冬雨季施工的定义及各地区定额解释

23.1.1 冬雨季施工的定义

"13 清单"对于冬雨季施工的定义如表 23-1 所示。

表 23-1 清单中关于冬雨季施工的定义

项目编码	项目名称	工作内容
011701005	冬雨季施工	1. 冬雨（风）季施工时增加的临时设施（防寒保温、防雨、防风设施）的搭设、拆除 2. 冬雨（风）季施工时，对砌体、混凝土等采用的特殊加温、保温和养护措施 3. 冬雨（风）季施工时，施工现场的防滑处理、对影响施工的雨雪的清除 4. 包括冬雨（风）季施工时增加的临时设施的摊销、施工人员的劳动保护用品、冬雨（风）季施工劳动效率降低等费用

23.1.2 各地区定额的解释

《贵州省建筑与装饰工程定额》

冬雨季施工增加费是指在冬季或雨季施工需增加的临时设施、防滑、排除雨雪，人工及施工机械降效等费用。包括防寒保温、防雨、防风等临时设施的搭设、拆除；对砌体、混凝土等采用的特殊加温、保温和养护措施。

《河北省建筑、安装、市政、装饰装修工程费用标准》

（1）冬季施工增加费，指当地规定的取暖期间施工所增加的工序、劳动工效降低、保温、加热的材料、人工和设施费用。

不包括暖棚搭设、外加剂和冬季施工需要提高混凝土和砂浆强度所增加的费用，发生时另计。

（2）雨季施工增加费，指冬季以外的时间施工增加的工序、劳动工效降低、防雨的材料、人工和设施费用，发生时另计。

只在冬季或雨季施工时如何计取冬季或雨季施工费？

只在冬季或雨季施工时，"冬雨季施工增加费"可以按照50%计取。

23.1.3　冬雨季施工在没有规定定额地区时应该如何计取

对于冬雨季施工、二次搬运等其他总价措施，北京市没有相关的政策文件，需要用户自行进行考虑。

操作方法：单位工程界面—措施项目界面—填写计算式或者一笔金额—再确定企业管理费和利润的费率—各单位工程的其他措施会自动汇总到项目工程界面的措施界面中。

23.2　冬季施工费的3个审计要点

1.［审计点］冬季施工增加费如何计取

需要冬季施工的工程，应根据批准的冬季施工方案和冬季施工措施计算人工、机械降效部分；冬季停止施工的工程，不计算冬季施工费，可以计算停止施工期内的看护费。

2.［知识盲区］冬季施工期起始时间是什么时候

当室外日平均气温连续5天稳定低于5℃即进入冬季施工期。具体因各地气温环境不一而有所差异，应结合本地政府发文，来确定是否进入冬季施工期。

3. [审计点]预算费用表中的冬季施工费都包括哪些内容,冬季施工中什么内容应该另行计取费用

预算费用表中的冬季施工费包括冬季施工的人工、机械降效,混凝土浇筑后构件的保温覆盖费用等项内容。

其中混凝土的外加防冻剂,或保证冬季混凝土正常浇筑的措施(如混凝土中埋设加热丝),按照监理工程师和建设单位批准的施工方案所搭设的保温暖棚,为原材料加热所安装的锅炉等项费用,需要另行计取费用。

混凝土供应商的套路:无良的混凝土供应商在计算外加剂增加费时,常按早强剂+抗冻剂两个外加剂结算,而业主实际只认可抗冻混凝土一个增加费。所以在使用外加剂时,要会同业主及混凝土搅拌站,确定外加剂种类后进行计算。

按实际计算的冬雨季施工费,需要将原来清单中所报内容扣除。尤其是内蒙古、东北地区的冬季施工费,要结合具体的施工方案,按实计算。

23.3 案例分析

案例1:某工程局,支护形式采用的是围护桩,在桩基施工完毕后,进入了冬季施工期,此时围护桩按照前文所述采取保温措施,施工单位争取增加费用是否能被主张?

案例分析:首先分析合同中是否有约定,如果约定在先,且在投标时,相关冬季保温措施已经综合考虑在冬雨季施工费中了,则发生时不得另行计算。

如果合同中没有相关的约定,施工单位可以编制围护桩专

项施工方案，并以签证形式落实，来增加相应费用。

注意技巧：先报批方案，后签证，避免同时进行，如果协商下来，业主愿意给予一定的补偿更好。但并不是因为成本过大就要另行计算。相反，如果工程周期不发生冬（雨）季施工，施工单位的冬（雨）季施工费用也是正常计取的，没有哪一个施工单位将这部分费用退回给业主，所以，按照规定是不应该计取的。

案例2：冬雨季施工，混凝土增加了一个等级，钢筋的锚固是否按增加的等级计算？

案例分析：

（1）按照业主要求，严格按照设计标号计算。

（2）按照施工方报提的施工方案，经过施工同意后实施——施工后有足够的加工时间，则按增加了的等级计算。

（3）增加标号考虑为受冻的标号损耗——按设计标号计算。

第 24 章

垂直运输及5个审计要点

24.1 垂直运输的清单及定额解释

24.1.1 垂直运输

（1）垂直运输机械是指负责材料和施工人员垂直运输的机械设备。

（2）垂直运输费是建筑行业里的一个专项收费项目，在工程的承包中，由建设单位支付给施工单位的一项费用。

1）垂直运输费指现场所用材料、机具从地面运至相应高度以及职工人员上下工作面等所发生的运输费用；

2）建筑物的垂直运输，按照建筑物的建筑面积计算；

3）一般情况下，建筑物檐口高度在3.6 m以内的单层建筑，不计算垂直运输费用；

4）以清单项规定计入。

24.1.2 清单对于垂直运输是如何定义的

"13清单"对垂直运输费的定义如表24-1所示。

表24-1 "13清单"中关于垂直运输的定义

项目编码	项目名称	项目特征	计量单位	工程量计算规则	工作内容
011704001	垂直运输	1.建筑物建筑类型及结构形式 2.地下室建筑面积 3.建筑物檐口高度、层数	1.m² 2.天	1.按《建筑工程建筑面积计算规范》(GB/T 50353—2005)的规定计算建筑物的建筑面积 2.按施工工期日历天数	1.垂直运输机械的固定装置、基础制作、安装 2.行走式垂直运输机械轨道的铺设、拆除、摊销

注：① 建筑物的檐口高度是指设计室外地坪至檐口滴水的高度（平屋顶系指屋面板的高度），突出主体建筑物屋顶的电梯机房、楼梯出口间、水箱间、瞭望塔、排烟机房等不计入檐口高度。

② 垂直运输机械指施工工程在合理工期内所需垂直运输机械。

③ 同一建筑物有不同檐高时，按建筑物的不同檐高做纵向分割，分别计算建筑面积，以不同檐高分别编码列项。

24.1.3 各地区定额的解释

各地区计算规则及定额结构如图 24-1 所示。

20	17-164	垂直运输 6层以下 钢结构 首层建筑面积1000m2以内	m2	23.12
21	17-165	垂直运输 6层以下 钢结构 首层建筑面积3000m2以内	m2	54.41
22	17-166	垂直运输 6层以下 钢结构 首层建筑面积每增1500m2以内	m2	16.7
23	17-167	垂直运输 12层以下 现浇框架结构 首层建筑面积1200m2以内	m2	39.04
24	17-168	垂直运输 12层以下 现浇框架结构 首层建筑面积2500m2以内	m2	32.57
25	17-169	垂直运输 12层以下 现浇框架结构 首层建筑面积每增1500m2以内	m2	16.53
26	17-170	垂直运输 12层以下 全现浇剪力墙结构 首层建筑面积1200m2以内	m2	43.38
27	17-171	垂直运输 12层以下 全现浇剪力墙结构 首层建筑面积2500m2以内	m2	37.7
28	17-172	垂直运输 12层以下 全现浇剪力墙结构 首层建筑面积每增1500m2以内	m2	9.72
29	17-173	垂直运输 12层以下 钢结构 首层建筑面积1000m2以内	m2	48.11
30	17-174	垂直运输 12层以下 钢结构 首层建筑面积3000m2以内	m2	45.23
31	17-175	垂直运输 12层以下 钢结构 首层建筑面积每增1500m2以内	m2	12.94

子目工程内容和附注信息
工作内容：
1.建筑材料、成品、半成品、构配件的吊装及配合用工；塔式起重机接高和机械安拆费；吊装机械的进退场费以及机上人工费；垂直运输机械的固定装置、基础制作、安装及拆除；行走式垂直运输机械轨道的铺设、拆除、搅拌等。2.输送泵安装、调试管道安装、移位、清洗泵管及泵车等。

图24-1 北京市计算规则及定额结构

地区一：

（1）垂直运输费用以单项工程为单位计算。

（2）垂直运输按单项工程的层数、结构类型、首层建筑面积划分。

地区二：

（1）建筑物垂直运输机械台班用量，区分不同结构类型、檐口高度(层数)按国家工期定额套用单项工程工期以日历天计算。

（2）单独装饰工程垂直运输机械台班，区分不同施工机械、垂直运输高度、层数、按定额工日分别计算。

24.2 认识垂直运输机械

在施工现场用于垂直运输的机械主要有3种：塔式起重机、龙门架（井字架）物料提升机和外用电梯。

24.2.1 塔式起重机

塔式起重机，简称"塔吊"，在建筑施工中已经得到广泛的应用，成为建筑安装施工中不可缺少的建筑机械，如图24-2所示。

图24-2 塔吊

24.2.2 龙门架（井字架）物料提升机

龙门架（井字架）都用于施工中的物料垂直运输。龙门架（井字架）是因架体的外形结构而得名。

24.2.3　外用电梯

建筑施工外用电梯又称附壁式升降机，是一种垂直井架（立柱）导轨式外用笼式电梯。主要用于工业、民用高层建筑的施工，桥梁、矿井、水塔的高层物料和人员的垂直运输。

24.3　垂直运输的5个审计要点

1. [审计点] 计取垂直运输之后是否还要计取超高费用

首先区分两者的定义。

垂直运输：是材料及人员施工时向楼层运输的作业费用。

超高：是定额规则中建筑檐高超过 20m 以后人工和机械的降效补偿增加费用。

所以两者不是重复的，定额子目都是独立计取的。

2. [审计点] 主体结构的不同是否会导致费用计算的不同

根据结构形式、层数、首层建筑面积来衡量套用定额，主要分钢结构、现浇框架结构、全现浇剪力墙结构等，具体因地区定额不同会有所不同。

3. [审计点] 高度和层数对垂直运输费的影响

（1）垂直运输费受层高影响较大，层高越高，风险也就越高，所使用的保护性措施机械等要求也会更加严格，所以会导致费用增加。

（2）檐口高度和层数是两个指标界定，达到一个指标就需要套用更高的定额。檐口高度一般按照层级划分：20m（6层）、30m（12层以下）、40m（14层以下）、60m（20层以下）。

（3）垂直运输高度小于 3.6m 的单层建筑物、单独地下室和围墙不计算垂直运输机械台班。

4. [争议点] 土建垂直运输与装饰垂直运输的关系

（1）土建与装饰为同一家单位施工时，由总包单位100%收取垂直运输费用。

（2）装修由甲方专业分包，由总包单位收取100%垂直运输费，装饰部分另按照装饰定额套取。由建设单位支付。

（3）二次装饰由建设单位支付。如果是两个单位同时施工，土建考虑85%，装饰按实计算。

5. [审计点] 垂直运输费同时按照楼层层数和檐高高度限定时，只是其中一个达到条件后，是否可以套用高的定额子目

垂直运输费用区分不同类型建筑物，不同高度，以建筑面积进行计算，其高度为设计室外地坪到建筑物檐口高度，套用不同定额子目。一般情况下，高度的定义是按照檐高和层数同时定义的。只要其中一个指标达到上限，即可套用较高的定额子目。

第25章 脚手架成本分析及12个审计要点

25.1 脚手架成本分析

25.1.1 脚手架详细成本分析

脚手架成本分析如表25-1所示。

表25-1 脚手架成本分析

序号	大类别	类别	单位	劳务分包单价（元）
1	双排外墙落地脚手架	双排外墙落地脚手架搭设、拆除（地上，层高5m以内）	m²	13.5
2		双排外墙落地脚手架搭设、拆除（地上，层高5m以外）	m²	14.5
3		双排外墙落地脚手架搭设、拆除（地下）	m²	11
4	单排防护脚手架	单排防护脚手架搭设、拆除（地上，层高5m以内）	m²	7
5		单排防护脚手架搭设、拆除（地上，层高5m以外）	m²	7.5
6		单排防护脚手架搭设、拆除（地下）	m²	6
7	外墙悬挑脚手架	外墙悬挑脚手架搭设、拆除（层高5m以内）	m²	20
8		外墙悬挑脚手架搭设、拆除（层高5m以外）	m²	21
9	水平悬挑防护	水平悬挑防护搭设、拆除（兜网）	m²	14.6
10		水平悬挑防护搭设、拆除（模板）	m²	19.4
11		水平悬挑防护搭设、拆除（模板+兜网）	m²	24.3

续表

序号	大类别	类别	单位	劳务分包单价（元）
12	水平悬挑防护	水平悬挑防护搭设、拆除（工字钢、兜网、模板）	m²	29.1
13	落地双排架	落地双排架搭拆（非建筑物外防护双排架）	m²	9.7
14	围挡单排架	围挡单排架搭拆	m	6.8
15	满堂架	满堂架搭拆（层高≤10 m）	m³	8.7
16	满堂架	满堂架搭拆（10m＜层高≤20 m）	m³	11.7
17	满堂架	满堂架搭拆（20m＜层高≤30 m）	m³	19.4
18	满堂架	地下车库钢管满堂架回顶（立杆间距1.2 m×1.2 m）	m³	6.8
19	满堂架	地下车库钢管满堂架回顶（立杆间距0.9 m×0.9 m）	m³	8.7
20	满堂架	地下车库钢管满堂架回顶（立杆间距0.6 m×0.6 m）	m³	10.7
21	钢管防护	钢管防护（楼层临边）搭设、拆除，二道横杆，高度1.2 m	m	4.4
22	钢管防护	钢管防护（楼层临边）搭设、拆除，二道横杆，含刷双色漆，高度1.5m	m	5.3
23	钢管防护	钢管防护（楼层临边）搭设、拆除，三道横杆，高度1.8 m	m	6.3
24	钢管防护	钢管防护（膨胀螺丝固定在墙上）一道横杆	m	3
25	钢管防护	钢管防护（膨胀螺丝固定在墙上）二道横杆	m	5

续表

序号	大类别	类别	单位	劳务分包单价（元）
26	钢管防护	钢管防护（膨胀螺丝固定在墙上）三道横杆	m	7
27		钢管防护（室外）搭设、拆除，二道横杆，高度1.2 m	m	3.9
28		钢管防护（室外）搭设、拆除，三道横杆，高度1.2 m	m	4.4
29		钢管防护（室外）搭设、拆除，二道横杆，高度1.5 m	m	5.8
30		钢管防护（室外）搭设、拆除，三道横杆，高度1.8 m	m	6.8
31	电梯井架	电梯井内分段悬挑架搭拆	m	58.3
32		电梯井内防护的水平兜网挂拆	m²	9.7
33		电梯井内防护的水平硬质封闭、拆除	m²	29.1
34	卸料平台	卸料平台安装、拆除	座	271.9
35		钢管搭设卸料平台	座	250
36	防护棚	双层防护安全通道、防护棚（公司标准图集4.5~6 m高）	m²	33
37	施工电梯防护架	施工电梯防护架的搭设、拆除（含水平通道，从电梯门至外墙内边线）层高在3 m以内	层	485.4
38		施工电梯防护架的搭设、拆除（含水平通道，从电梯门至外墙内边线）层高在3 m以外	层	534

续表

序号	大类别	类别	单位	劳务分包单价（元）
39	物料提升机	物料提升机防护架的搭设、拆除（含水平通道，从电梯门至外墙内边线）层高在3 m以内	层	291.3
40		物料提升机防护架的搭设、拆除（含水平通道，从电梯门至外墙内边线）层高在3 m以外	层	339.8
41	独立架	独立架（灯笼架）	m	48.5
42		独立爬梯搭设、拆除	m	48.8
43		独立室外施工跑道搭设、拆除	m^2	29.1
44	"之"字形爬梯	"之"字形爬梯搭拆（水平投影面积2 m×6 m，含挂拆网）	m	145.6
45		"之"字形爬梯搭拆（水平投影面积4 m×6 m，含挂拆网）	m	174.8

25.1.2　脚手架成本中搭拆所占比例

按照实际项目成本测算，脚手架组成中，搭设占总成本的78%，拆除占15%，码料、归置占7%。

但按照定额消耗量来看，工日消耗中搭约占定额综合单价的60%，拆约占定额综合单价的40%。

25.2 脚手架的定义与分类

25.2.1 脚手架的定义

脚手架是为了保证各施工过程顺利进行而搭设的工作平台。

25.2.2 脚手架的分类

（1）按设置形式分为单排脚手架、双排脚手架、多排脚手架、满堂脚手架、特型脚手架等。

（2）按使用用途分为砌筑脚手架、现浇钢筋混凝土脚手架、结构脚手架、装饰脚手架、安装脚手架、防护脚手架等，如图25-1所示。

图25-1 脚手架分类

25.3 综合脚手架与单项脚手架的区别

1. 综合脚手架

（1）综合脚手架包括外脚手架、里脚手架、3.6m以下装饰脚手架。

1）综合脚手架综合了建筑物中砌筑内外墙所需用的砌墙脚手架、运料斜坡、上料平台、金属卷扬机架、外墙粉刷脚手架等内容。

2）综合脚手架已综合考虑了施工主体、一般装饰和外墙抹灰脚手架。不包括无地下室的满堂基础架、室内净高超过3.6 m的天棚和内墙装饰架、悬挑脚手架、设备安装脚手架、人防通道、基础高度超过1.2 m的脚手架，该内容可另执行单项脚手架子目。

2. 单项脚手架

单项脚手架指除综合脚手架以外的各种脚手架，如满堂脚手架、挑脚手架、悬空脚手架、电梯井脚手架等。

3. 组价时，综合脚手架和单项脚手架差别在哪里

（1）综合脚手架计量单位更接近组织措施费计费模式。

（2）综合脚手架不能与建筑实物量一一对应。

（3）综合脚手架服务范围是许多工序的集合。

（4）综合脚手架作为组织措施费，不能因为某道工序的增（或减）而随意调整结算费用金额。

25.4 综合脚手架的4个审计要点

1. [审计点] 综合脚手架的界定范围

"综合"二字到底综合了什么，各个省份对于综合脚手架的范围并不一致,合理地界定综合脚手架的范围变得尤为重要，所以合同中的约定就变成了控制过程争议及结算争议的关键，

而不是直接定额套取综合脚手架。

工程从基础到二次结构再到内外装修都由总包单位自行施工的，将综合脚手架费用一次性包死，使用综合脚手架就不用再计取单项脚手架可以减少许多计价程序和结算争议。

在清单描述中增加"基础、结构主体、后期的二次结构，内、外装修等全部脚手架工程"。

2. [审计点] 交叉作业

在工程施工过程中，经常会有一些甲指分包或者专项分包，这些分包在与总包交叉作业中，会因为没有做好施工组织，导致误工，例如吊顶龙骨完成了，但是水暖管迟迟完不成，导致面板无法安装，因而引起脚手架使用时间增加。

业主一般以分包单位上交了总包管理费为由而拒绝支付总包单位脚手架租赁费用。

实际来说，是需要业主支付这笔延长的费用的，并不在总包管理费的范畴。

3. [审计点] 综合脚手架和单项脚手架合并使用

如果合同里面固定脚手架费用、措施费包死，但在实际施工时，因为发生了变更洽商签证，导致需要增加脚手架费用，此时可以增加单项脚手架。例如，外墙石材干挂重新修补，需要增加外墙脚手架费用。

4. [争议点] 综合脚手架是否包括电梯井脚手架

包括。综合脚手架是综合主体结构时的所有脚手架，包括电梯井脚手架。除特殊情况外，正常搭设的架体都包括在综合脚手架中。

25.5　单项脚手架的8个审计要点

1. [知识点] 满堂脚手架

满堂脚手架指水平方向满铺搭设脚手架的施工工艺,在室内天棚的安装和装饰及安装工作面等时搭设的一种棋盘井格式脚手架。主要用于单层厂房、展览大厅、体育馆等层高、开间较大的建筑顶部的装饰施工,由立杆、横杆、斜撑、剪刀撑等组成,如图25-2所示。

图25-2　脚手架

2. [审计点] 外墙上的女儿墙和天沟挡板能否计算外脚手架

如果女儿墙高度较高,在砌筑外墙脚手架的时候,一定要计算到女儿墙顶面,同时一般规定天沟挡板的高度超过500 mm时,可同女儿墙一样算至上顶面。

3. [审计点] 检查井、池壁如何套用脚手架

(1)检查井一般根据所处地形来选用合适的脚手架,常采用井字架或简易脚手架,多数采用简易脚手架。

（2）混凝土池壁一般执行双排外脚手架。

（3）池壁间距较小的密格隔墙可以采用满堂脚手架，符合实际工程成本又能快速计量。

4. [争议点] 池壁面防水、墩柱面装饰处理是否需要单独计算脚手架

在装饰和防水施工之前，需要对混凝土模板进行拆除，因此原来搭设的脚手架很难继续使用，所以需要另行搭设，应重新计算装饰脚手架。

5. [审计点] 挡墙及护坡如何选用脚手架

混凝土挡墙工程一般采用双排脚手架，按墙面实际面积计算。

护坡视坡度和地形计算，在坡度小于 30° 时，可以根据地形，不搭设脚手架，坡度＞30°且≤45°应采用简易脚手架，坡度＞45°且≤60°应采用单排脚手架，坡度大于 60°应采用双排脚手架安护坡面积计算。

具体还需视坡度大小和实际地形复杂程度计算。

6. [审计点] 钢结构工程的脚手架如何计算

钢结构的安装大部分都是吊装，所以全钢结构所用脚手架比较低，需要根据实际需要，借用建筑工程脚手架灵活使用。

7. [争议点] 电梯井是否需要计算脚手架

需要。首先需要具体分析综合脚手架所含内容，在个别地区综合脚手架不含电梯井脚手架，或在没有综合脚手架情况下，需要单独计算电梯井字架时，按单孔套相应子目以"座"计算。

同时根据图纸要求分析井内是否有装饰抹灰，此项不要漏算。

8.[审计点]不计算脚手架现浇钢筋混凝土结构有哪些

（1）烟囱、水塔、筒仓。

（2）基础梁、地圈梁、圈梁、过梁、挑梁压入墙内部分。

（3）构造柱。

（4）雨篷、楼梯、挑檐、天沟、压顶等。

（5）其他小型构筑物。

25.6　案例分析

案例：某工程局，在工程承包范围中，仅土建安装大包，该项目装饰工程为专业分包，某工程局施工完毕后，对脚手架进行拆除，后续装饰工程进场搭设脚手架，业主以总包单位计取了总包管理费为由，认为装饰公司脚手架费用应当含在总包中，当时应预留脚手架供分包使用，甲方此要求是否合理？

案例分析：不合理。出现主体施工和装饰施工是两个单位，主体脚手架撤场之后，装饰工程需要进场施工时，脚手架需要进行二次搭设，此时装饰公司可以正常单独计取脚手架费用。此费用不包括在总包单位中。

第26章 成品保护费用、超高增加费用及5个审计要点

26.1 成品保护费用及审计要点

26.1.1 成品保护费及其计取方式

北京市的定额规定：一般的成品保护费（指新建），包括在定额中，不用单独计取。如维修改造工程，保护费是按实际计取的，需要保护什么，就计取什么，按实际发生保护量计算。

装饰工程的一般成品保护费已综合在相应的定额子目中，不得另行计算。

26.1.2 成品保护费用的1个审计要点

（1）成品保护是在建筑面层施工完成之后，避免成品的破坏，所采取的保护措施。一般采取的措施有护、包、盖、封等。护，就是提前保护；包，就是进行包裹；盖，就是表面覆盖；封，就是局部封闭。

（2）建筑工程中的成品保护费是在措施费中按费率形式计取，不能再单独另行计算。

（3）审计点：对于已经交付使用的工程，又有新的施工或者改造、维修等工作内容而又涉及成品保护时，可以按照施工降效费计算或者与甲方协商增加相应的成品保护费金额。

26.2 超高增加费用及审计要点

26.2.1 超高增加费用

（1）"13清单"中超高增加费清单及定额规定如表26-1所示。

表26-1 "13清单"中超高增加费的定义

项目编码	项目名称	项目特征	计量单位	工程量计算规则	工作内容
011705001	超高施工增加	1.建筑物建筑类型及结构形式 2.建筑物檐口高度、层数 3.单层建筑物檐口高度超过20 m，多层建筑物超过6层部分的建筑面积	m²	按《建筑工程建筑面积计算规范》（GB/T 50353—2005）的规定计算建筑物超高部分的建筑面积	1.建筑物超高引起的人工工效降低以及由于人工工效降低引起的机械降效 2.高层施工用水加压水泵的安装、拆除及工作台班 3.通信联络设备的使用及摊销

注：① 单层建筑物檐口高度超过20 m，多层建筑物超过6层时，可按超高部分的建筑面积计算超高施工增加。计算层数时，地下室不计入层数。

② 同一建筑物有不同檐高时，可按不同高度的建筑面积分别计算建筑面积，以不同檐高分别编码列项。

（2）北京市定额规定：超高施工增加按建筑面积计算，超高增加费区分如图26-1所示。

	编码	名称	单位	单价
1	17-196	超高施工增加 檐高45m以下	m2	21.96
2	17-197	超高施工增加 檐高80m以下	m2	35.66
3	17-198	超高施工增加 檐高100m以下	m2	47.45
4	17-199	超高施工增加 檐高100m以上	m2	60.86

图26-1 北京市的定额中超高增加费区分

26.2.2 超高增加费用的4个审计要点

1.[审计点]超高施工增加费和超高降效的区别

（1）超高施工增加费：单层建筑物檐口高度超过20 m，多层建筑物超过6层时，可按超高部分的建筑面积计算超高施工增加费，如加压水泵费用。

（2）审计点：计算层数时，地下室不计入层数。

（3）超高降效：超高降效是指由于楼层高度增加而降低施工工作效率的补偿费用。

2. [审计点]超高施工增加费和超高降效如何区别和计取

超高增加费是由于超高人工、机械降效造成的。按超过檐高20 m的部分后的建筑面积计算工程量，并套用相应的定额子目。

人工建筑物超高降效系数中包括的内容指建筑物室内地坪（±0.00）以上的全部工程项目。按降效规定内容中室内地坪（±0.00）以上的工日数总和，乘以定额人工降效系数计算。

3. [审计点]超高费和垂直运输费可否同时计取

可以。垂直运输是材料及人员施工时向楼层垂直运输的工作内容，而超高是定额规定建筑檐高超过20m以后人工和机械的降效补偿增加费用。两者不是重复的，定额子目都是独立计取的。

4. [技巧点]在软件中具体怎么计取超高降效

在部分地区软件中可以自动生成，在计价软件内勾选需要计取的子目，软件就会自动分析计算这笔费用，给出定额子目，就自动关联到了（如图26-2所示），软件自动计算这笔费用即可。

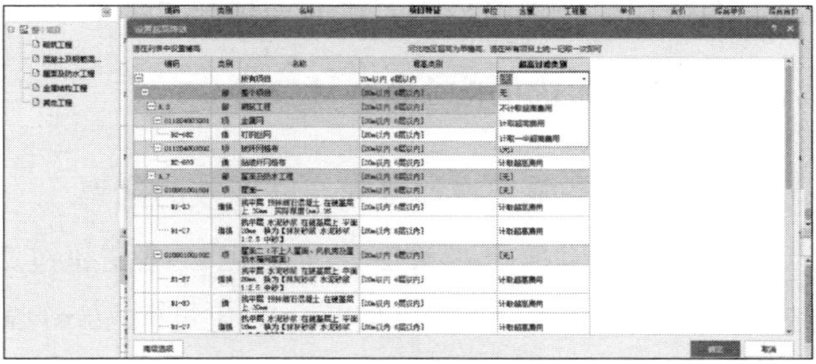

图26-2 软件中超高增加费的计取方式

第27章 安全文明施工措施费审计要点

27.1　安全文明施工措施费中的2个审计要点

1. [争议点] 安全文明施工费中,有哪些是造价中经常重复计取或经常产生争议的项目

（1）现场围挡：甲方有特殊要求的围挡及围挡上的广告费用由甲方承担。除此之外,现场采用的彩色钢板、砖、混凝土砌块等墙体的封闭围挡费用包含在安全文明施工费中。

（2）企业 LOGO：有特殊要求的亚克力 LOGO 由业主承担。除此之外,简单的、粘贴或喷涂的 LOGO 包含在安全文明施工费中。

（3）材料码放区及苫盖：此处费用由施工单位承担,包括材料、料具、构件等堆放时悬挂的标志。

（4）垃圾清运：现场垃圾清运应符合规定,包含在安全文明施工费中。

（5）临边防护：楼梯口、电梯口、通道口、预留洞口、起重设备及外用电梯、施工现场安全防护通道。

（6）防尘网：此项费用包含在安全文明施工费中。

（7）三宝四口五临边:"三宝"是指安全网、安全帽和安全带。"四口"是指楼梯口、电梯口、通道口、预留洞口的防护网及防护栏杆。"五临边"是指：①深度超过 2 m 的槽、坑、沟的周边；②无外脚手架的屋面与楼层的周边；③各施工层楼梯口的梯段边；④井字架、龙门架、外用电梯和脚手架与建筑物的通道和上下跑道、斜道的周边；⑤尚未安装栏杆或栏板的阳台、料台、挑平台的周边。临边的防护措施一般是在临边处设 1.2 m 高的防护栏杆及挡脚板,此项是经常和栏杆重复计算的项目。

（8）临时设施费、临时道路，包含在安全文明施工费中。

2. [审计点] 措施费能否一次性包死，后续增加工作内容措施费能否增加

首先明确的是，甲乙双方签订施工合同是一种交易行为，合同中甲乙双方就同一项内容达成一致意见，并按照此项规定执行，此交易性行为受法律保护。所以在法律上来讲，是有效的，可以一次性包死。所以在后期增加内容的时候，不能再计取措施性费用。

还有一种是措施费半包死，即只对已报价部分或者已经明确的招标图部分工作内容措施包死，后期因为非承包方原因导致的变更洽商签证导致的措施性费用增加，可以根据合同约定的条款进行调整。

27.2 案例分析

案例：某项目，在招标前期业主组织了现场踏勘，并通过正常的招标手续确定了总承包单位，施工单位进场后，因为连续雨天，加之施工现场土质松软，导致施工便道每隔几天就要进行石子添铺，施工单位能够主张此项费用？

案例分析：不能。首先在安全文明施工费用已经明确，施工便道包含在此项费用中，且在现场踏勘中应该充分考虑到本地的地质情况及冬雨季施工费用，后续发生，不会因此项措施性费用而追加费用。

第28章 工程水电费成本分析及3个审计要点

28.1 工程水电费成本分析

按实际成本分析,工程水电费占总造价的15‰左右。

在实际施工中,土建和安装所占比例有所不同。

土建取费基数可以按照总造价的7‰,其中水费占3‰,电费占4‰。

安装取费基数可以按照总造价的8‰,其中水费占4.5‰,电费占3.5‰。

28.2 工程水电费中的3个审计要点

1.［审计点］临水临电如何计取

施工临水临电包括在定额子目中,发生时不另行计算。

2.［审计点］水电费如何在结算时扣除,如果施工现场未安装水电表,又该如何扣除

结算时,按照实际发生水电量进行扣除。

(1)在没有安装水电表的情况下,可以从结算书中,将工程水电费提取出来,比较精确,但和实际用量会有出入,同时工作量也会比较大。

(2)根据上述工程水电费所占比例,以总造价为基数,按比例扣除。

3.［争议点］电费在定额中隶属哪一项,应该如何套取,电费是否包括在定额中,实际工程中应该如何争取计取

电费包括在定额机械费中,按照实际定额所用机械消耗量计取,电费在定额中,应该按照所用的机械台班消耗量计取。

但是，如前文所述，如果项目按照实际已经挂表，则按照电表缴纳电费。如果挂表和实际定额中的电费有差距，则可以向甲方计取差价。